房地产法律实务系列教材

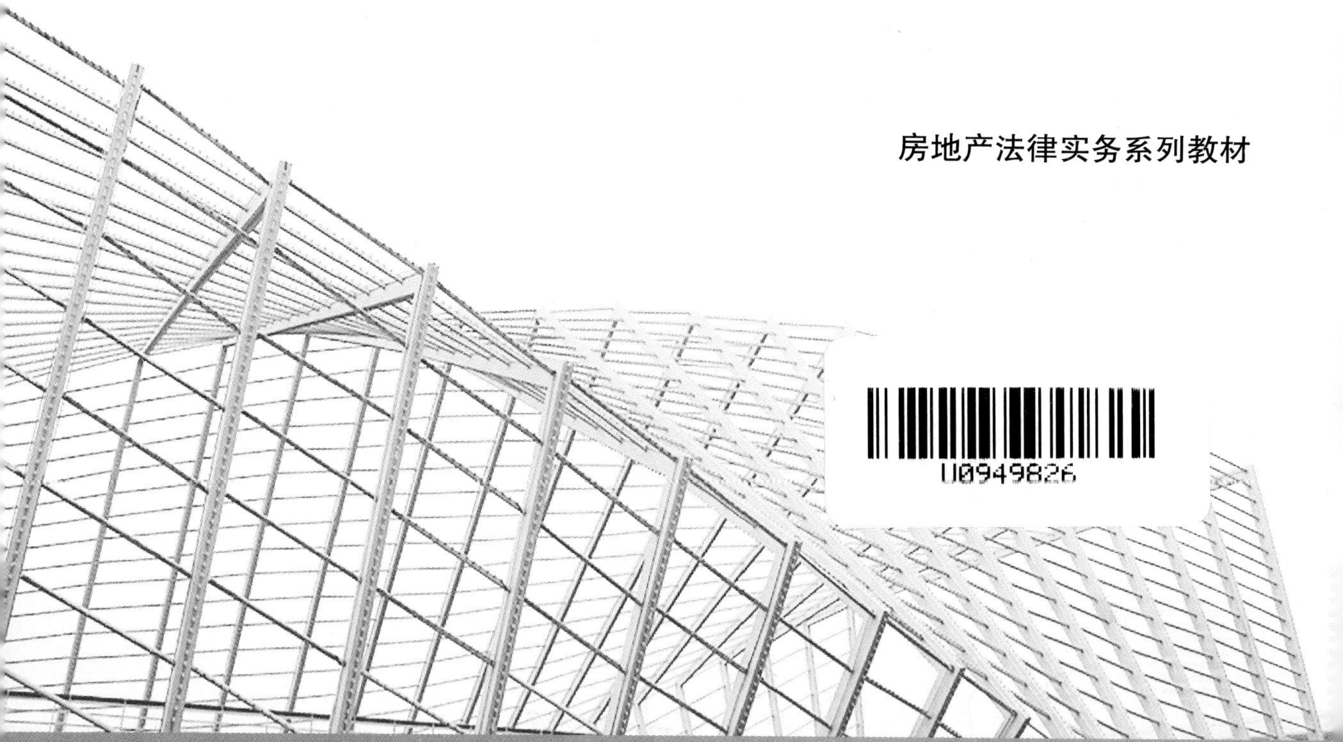

土地管理法律实务

主编　张威

WUHAN UNIVERSITY PRESS
武汉大学出版社

图书在版编目(CIP)数据

土地管理法律实务/张威主编．—武汉：武汉大学出版社，2015．11
房地产法律实务系列教材
ISBN 978-7-307-16920-3

Ⅰ．土…　Ⅱ．张…　Ⅲ．土地管理法—中国—教材　Ⅳ．D922．3

中国版本图书馆 CIP 数据核字(2015)第 227537 号

责任编辑：胡　荣　　责任校对：李孟潇　　版式设计：马　佳

出版发行：**武汉大学出版社**　(430072　武昌　珞珈山)
(电子邮件：cbs22@ whu. edu. cn 网址：www. wdp. com. cn)
印刷：湖北民政印刷厂
开本：787×1092　1/16　印张：8．75　字数：203 千字　插页：1
版次：2015 年 11 月第 1 版　　2015 年 11 月第 1 次印刷
ISBN 978-7-307-16920-3　　定价：22．00 元

总　　序

诺贝尔经济学奖获得者、世界银行前副行长斯蒂格利茨说："中国的城市化与美国的高科技发展将是影响21世纪人类社会发展进程的两件大事。中国的城市化将是区域经济增长的火车头，将会产生最重要的经济效益。同时，城市化也将是中国在新世纪里面临的第一大挑战。"城镇化是一个国家和一个地区现代化发展的必然趋势，党的十六大提出："要逐步提高城镇化水平，坚持大中小城市和小城镇协调发展，走中国特色的城镇化道路。"

中国是一个人口规模巨大、疆域辽阔且区域差异显著的发展中大国，目前城镇化正进入一个快速发展的时期。联合国《城市的繁荣 2012/2013》中预测，到 2030 年，最保守估计将有 2.5 亿人进城，中性估计会有 2.7 亿人进城，乐观估计会有 3 亿人进城。城镇化将带来一系列的变化，如城镇消费群体扩大、结构升级、潜力释放，在旧城改造、新城开发过程中城市基础设施、公共服务设施等领域会产生巨大的投资需求，在这个发展过程中房地产业始终具有举足轻重的作用。故如何建立一套完善的法律体系，以法律手段规制房地产业，保证其健康、稳定、持续地发展便具有重要的研究价值。

房地产业涉及的领域十分广阔，在开发建设过程中涉及土地征收、旧城改造、老房拆迁、工程招投标、工程施工、工程验收，在房产开发后还涉及房产转让、物业管理等多方面内容。在房地产业发展的过程中涉及多方利益主体的关系协调，既有政府与房地产业的投资者之间的利益协调，又有房地产建设单位与设计单位、施工单位、房地产业主之间的利益协调。目前我国对房地产行业的法律规制并不完善，房地产行业的市场并不成熟，还存在许多急待解决的问题，在房地产开发建设以及房产转让、物业管理等过程中容易发生纠纷，需要培养专业的房地产法律实务工作者。

人才的培养必须立足于课堂教学，而课堂教学质量的高低又在很大程度上取决于教材。目前，出版的大多数房地产方面的教学，是以知识点之间的逻辑体系来进行编排，难以使学识顺利转化为操作能力。而本系列教材是武汉工商学院按照"知识+技术+能力+素质"的要求，培养适应社会发展需要，系统掌握本专业基础知识和必备技能，具有创新与创业意识和能力的高素质应用型人才的定位，以房地产开发业务流程为依据编排的课程体系，使学生所学知识与房地产业每个流程环节建立起对应关系。

本丛书由四本书组成，分别是《土地开发管理法律实务》、《房地产交易法律实务》、《建设工程法律实务》、《物业管理法律实务》，涵盖了房地产行业从土地征收、房屋拆迁、房产建设、房产交易以及物业管理的全过程，内容全面充实，且该书在编写过程中，始终要求能反映目前最新的法律法规及政策的要求，强调其实务性与实用性，并具有可操作性。

本书的适用对象是法学专业的本科生，但同时由于该套书涉及房地产行业的相关法律实务，因此亦可作为房地产行业以及相关单位法务部门的参考读物。

鉴于时间仓促，编者能力所限，该套教材并非十分精致与完美，还存在很多需要完善的地方。但是我相信他们会做得更好，因为在研究房地产行业法律实务的过程中，探索与思考的脚步永远不会停止。

吴天明

2015 年 5 月 1 日

前　言

如管子所言："地者，万物之本原，诸生之根菀也。"在我国漫长的文明史中，农业文化占据了重要的篇章，农民对于土地的依恋之情根深蒂固。在相当长的一段时间内，农业人口仍将占我国总人口较大比例，农产品生产依旧是社会安定的头等大事，同时随着工商业的发展对建设用地的需要也在不断加大，因此如何通过法律规制手段协调好各方对土地资源需求的矛盾十分重要。基于此，培养能够处理房地产开发相关法律事务的法学人才，便成为高等院校的责任。

武汉工商学院文法学院法学系从 2011 年开始至今开设了房地产法律实务方向课程，该组方向课程是根据房地产开发的基本流程进行设计，至今已经设计出四门课程，分别是土地管理法律实务、建筑工程法律实务、房地产交易法律实务和物业管理法律实务。本书是该组课程系列教材之一。该教材吸收了多位理论界专家学者和实务界人士的研究成果，对房地产开发中涉及土地管理的主要法律、法规和行政规章进行了系统化的梳理。本教材的定位是为培养应用型法学人才提供授课资源，因此特别突出了实务操作技能，淡化了理论阐述。本教材共九章，分别是第一章我国土地制度的基本构架；第二章土地开发利用的保护性管理制度；第三章国有土地使用权的出让与划拨；第四章土地的征收与安置、补偿；第五章城市房屋征收与补偿、安置；第六章建设用地规划许可证的核发；第七章建设用地使用权证书的核发；第八章农村土地承包经营权问题；第九章土地纠纷的行政复议与诉讼问题。本教材虽为本科教学所作，但由于其实务性较强，也适用于司法人员、律师、法律工作者和其他对土地管理法律事项抱有兴趣的读者。

囿于编写人员的时间和学识，无法将房地产开发中涉及土地管理的所有法律问题都一一囊括。仅以此教材抛砖引玉，望诸位读者批评指正，以便编者能进一步深入研究，以期不断完善。

目　　录

第一章　我国土地制度的基本构架

【本章导读】

本章主要介绍了土地在法律意义上的界定、土地制度的基本功能、我国土地制度的发展历程以及现行的土地所有权二元结构。在此基础上简要介绍了我国对土地开发利用的原则、分类、管制措施等内容。本章的主要作用是为后面其他章节的学习奠定基础。

第一节　我国土地制度的一般理论

【问题引入】

2010年湖北省某县政府不按照土地利用总体规划征收辖区内某村集体土地，其中涉及总面积约为17公顷的湖泊和鱼塘，而耕地的补偿标准与鱼塘的补偿标准并不相同。鱼塘的承包人对此表示不满。

问题：

1. 湖泊与鱼塘是否属于法律意义上的土地？
2. 我国现行的土地所有权结构是怎样的？
3. 政府为什么必须先征收土地，然后才能进行房产建设开发？
4. 该事件中县政府征收耕地与鱼塘的做法是否存在不合法之处？

一、土地在不同层面的概念

（一）地质学意义上的土地

地球陆地表面具有一定范围的地段，包括垂直于它上下的生物圈的所有属性，是由近地表气候、地貌、表层地质、水文、土壤、动植物以及过去和现在人类活动的结果相互作用而形成的物质系统。

（二）法律意义上的土地

土地是指所有人的占有、使用、收益、处分权能所指向的标的物。法律意义上的土地是对自然科学意义上的土地，从客体对主体的价值满足角度进行界定。土地具有有用性、稀缺性和社会的有效需求等特点。土地资本是为使土地达到一定的使用标准而进行的开发投资，这种投资要转化为一定量的物化劳动和活劳动，其本身必然具有商品属性。法律意义上的土地财产一般具有以下特征：

（1）属于一定的所有者或使用者；

（2）有明确的四至界定；
（3）可以依法转让；
（4）能给所有者和使用者带来一定的权益。

二、土地的功能

（一）承载功能

土地以其物理特性，具有承载万物的功能，是人类生息繁衍、创造文明的场所和空间。

（二）资源功能

土地由自然赋予的地标资源、植物资源、动物资源、水生资源以及矿产资源组成，是人类物质生产和精神生产、推进文明发展不可或缺的基础。

（三）生产功能

土地在自然力的作用下，通过各种能量的相互作用产生新的变化，而不以人类的意志为转移。

（四）财产功能

由于土地的自然文化属性及稀缺性、不可移动性、可控性、稳定性与增值性，土地成为资源性的资产。

三、土地制度的概念及功能

（一）土地制度的含义

广义的土地制度是指与土地所有、使用、管理的经济制度相应的土地法权制度。狭义的土地制度是人们在一定社会制度里对土地利用所形成的土地关系的综合。

（二）土地制度的功能

1. 保障功能

即土地制度可保障其调整土地关系的有关当事人对土地本身的决策权和经济利益得到实现。这主要是因为在土地资源稀缺与国民对土地资源利用产生的收益的追求无止境的矛盾之下，生产效率的高低不仅取决于资源量的多寡，在更多的时候取决于制度安排的科学性。

2. 配置功能

即一国土地制度规定赋予一国政府以一定手段（包括行政管理、税收等）调控该国土地资源，进行有序配置和利用土地的活动。

3. 激励功能

即土地制度如何调动土地关系有关当事人的积极性，从而使土地权利人具有从事某种经济活动的内在推动力。这是土地制度功能的核心功能。良好的土地制度能够在土地产出率与土地投资收益率之间产生协调的关系，从而让土地关系当事人产生持久的投资、生产动力，而非基于外在的强制力仅产生短期的生产活动。

4. 约束功能

即土地制度安排对经济当事人的机会主义行为抑制的功能。经济当事人在归属、土地占有、利用、收益与处分的若干场合，其机会主义行为总会以不同方式表达出来，这是由土地资源供给方式的规范性、土地经济当事人利益实现形式多样性和利益目标选择的冲突性所决定的。缺乏约束功能的土地制度会导致土地资源的极大浪费以及寻租现象的产生。

四、我国土地产权状况的形成历史

（一）我国古代土地产权制度的历史概况

1. 奴隶制时代

在商代土地权利制度设置方面，出现了对商王土地最高所有形式的分赐赋税，受领土地的人没有所有权，只能耕种，承担上交赋税的义务，土地不能买卖。这是我国奴隶社会君主的土地最高所有权与受地者的租用经营权相分离的最初形式。

2. 封建制时代

从春秋战国时代开始，奴隶制“礼崩乐坏”并向封建制转变，随着铁器、牛耕等生产工具的推广，以及大型水利设施的出现，生产效率大大提高了。于是出现了较多拥有私田的奴隶主贵族。从汉唐至明清，形成了国家所有和私人所有同时并存的土地产权形态。

（二）近代我国土地的权属状况（1921—1949 年）

中国共产党在总结第一次国内革命战争惨败教训后，提出武装夺取政权，建立革命根据地进行土地革命，开始了建立土地物权制度的初创工作。1928 年 12 月的《井冈山土地法》、1929 年 4 月的《兴国土地法》最先规定没收封建土地，平分给农民耕种，确立了政府的土地所有权和农民的占有、使用权。1931 年 11 月的《中华苏维埃宪法大纲》第 6 条规定：“没收一切地主阶级土地，分配给雇农、贫农、中农。”解放战争时期，中央于 1946 年 5 月 4 日发布了《关于汉奸清算与土地问题的指示》，1947 年 9 月制定了《中国土地法大纲》，进一步确定废除封建性及半封建性剥削的土地制度，规定“分配给人民的土地，由政府发给土地所有证，并承认其自由经营、买卖及在特定条件下出租的权利”，确认了一般私人房屋的所有权，保护产权所有人的正当合法性经营。

（三）新中国成立后土地制度的历史演进

1950 年 6 月 28 日颁布了《中华人民共和国土地改革法》，其中第 10 条规定：“除本法规定收归国家所有者外，均由乡农民协会接收，统一地、公平合理地分配给无地少地及缺乏其他生产资料的贫苦农民所有。”第 30 条规定：“土地改革完成后，由人民政府发给土地所有证，并承认一切土地所有者自由经营、买卖及出租其土地的权利。”但以上法律仅适用于农村地区，甚至不包括大城市的近郊地区。对于城市则采取接管和没收帝国主义、官僚资本主义、国民党政府及反革命分子等占有的城市土地，无偿地把它们变为国有土地的措施。对资本主义工商业、私营房地产公司和房地产业主拥有的城市地产，用赎买的办法将它们转变为国有财产。1982 年通过法律程序，将城市其余尚未国有化的土地变为国家所有。

新中国刚成立的一段时间内，国家对城市土地曾实行有偿使用，无论是全民所有制用地单位，还是集体所有制用地单位，都必须向国家缴纳租金。但是，1954 年以后，由于我国建立了高度集中统一的计划管理模式，国有企业在财政体制上实行了统收统支，所以，土地有偿使用制也相应地被取消。1954 年 2 月 24 日，财政习字第 15 号文件明确规定:“国营企业经市人民政府批准占用的土地，不论是拨给公产或出资购买，均应作为该企业的资产，不必再向政府缴纳租金或使用费；机关、部队、学校经政府批准占用的土地，亦不缴纳租金或使用费。”从此，全民所有制单位用地一律采取无偿划拨的方式。尽管集体用地单位和个人用地仍收取使用费，但因数额较低，基本上也是无偿的。直至改革开放以前，我国城市土地的使用基本上沿用这种单一的无偿划拨方式。

城市土地的无偿行政划拨是指由用地单位提出用地申请，经县级以上人民政府依法批准，在用地单位缴纳土地补偿费、劳动力安置费等费用之后，将该土地无偿交付其使用的行为。这一制度的特征如下：

(1) 划拨手段的行政性。土地的划拨首先必须经县级以上人民政府批准，再由同级土地管理部门负责实施。

(2) 使用的无限期性。以划拨方式取得的土地，除法律、法规另有规定外，没有使用期限。

(3) 土地使用的无偿性。使用划拨土地的单位既不用缴纳租金，也不承担税赋。

(4) 土地使用权的无流动性。土地经划拨使用后，土地的所有权与使用权发生分离，但土地使用权禁止买卖和流转，也就是说，禁止土地使用权的交易行为。

显而易见，直接造成城市土地划拨使用的一个观点就是，国有企事业单位的收支都是由国家统一管理的，是国家财政收支的一部分，在这种情况下，即使向其征收土地使用租金，也“并非真正增加国家收入”，反而会增加不必要的环节和手续。

从理论上讲，土地的无偿划拨使用，使得土地收益无法显化。土地收益尽管客观存在，但它被包含在企业的总收益中，并没有相对独立的表现形式。在计划经济条件下，国有企事业单位被看做是国家整个“大生产企业”中的一个部分或组成单位，没有独立的经济利益，其全部收支均由国家统一支配。土地的所有者是国家，企业对土地的开发利用投资也被列入国家的投资计划，属于国家投资计划的一部分，投资者也是国家，自然土地收益的享有者只能是国家。加上企业资产本身属于国有资产，企业的总收益属于国家，从产权方面看，并没有其他的产权主体，所以土地收益也就被包含在企业的总收益中，统归国家所有。

党的十一届三中全会以后，随着经济体制改革的不断深化，城市土地行政划拨使用制度的弊端日益暴露：

(1) 国家所有权虚化。由于城市土地的无限期使用，用地者成为真正的“土地所有者”，本该归国家所有的所有权收益，被用地者无偿占有。

(2) 土地资源配置效率低下。土地的无偿、无限期、无流动性使用，使得城市土地资源短缺和浪费现象并存，严重影响了土地资源的配置效率，城市土地利用呈粗放扩张形态。

(3) 高估企业经营效益。土地使用的无偿性，使得尽管土地的使用效益是客观存在的，但土地使用权并不被计入成本，大大降低了生产经营的账面成本，从而“夸大”了企业的经营效益，同时也造成企业间的不公平。

(4) 抑制了市场价值规律作用的发挥。用地的无偿性和无流动性，使得土地资源的稀缺性无法通过市场价值规律的作用表现出来，从而无法达到“地尽其力”的资源配置目的，并造成市场体系和价格体系的不完整，严重制约了市场经济体制的建立与完善。

（5）孳生土地交易黑市。尽管法律规定通过行政划拨取得的土地禁止任何形式的转让，但由于供需的严重失衡，事实上总存在一个被扭曲、非公开的土地交易市场。

（6）严重影响城市建设投入产出的良性循环。政府在城市土地划拨和使用中无收益，造成城市建设投入资金回收困难，从而无法形成城市建设投入产出的良性循环。在财政拮据的情况下，这也是造成政府在很长一段时间内忽视或压缩城市基础设施建设的重要原因。

行政无偿划拨用地制度日渐明显的负面作用，使得人们逐渐意识到土地制度改革的必要性。而改革的方向，自然是针对划拨土地使用权的无偿、无限期和无流动性的特点，向着有偿、有限期、有流动性的使用权改革方向进行。

最早的有偿用地是随着引进外资而出现的。1979 年国务院颁布了《中外合资经营企业法》，其中第 5 条规定："中国合营者的投资可包括为合营企业经营期间提供的场地使用权。如果场地使用权未作为中国合营者投资的一部分，合营企业应向中国政府缴纳使用费。" 1980 年，国务院又颁布了《关于中外合营企业建设用地暂行规定》，其中规定："中外合营企业用地，不论新征用土地，还是利用原有企业的场地，应计收场地使用费。"场地使用费一般包括土地使用费和场地开发费两部分，前者一般按年计收，后者可一次性计收。它标志着我国城市土地有偿使用的开始。此后，为了将这一做法推广到其他类型的建设用地，1983 年，国家决定在抚顺市首先进行土地使用费征收试点。随后，深圳、大连、重庆、西安、柳州等十几个城市都开征了城市土地使用费，并制定了具体的实施办法。

有偿出让土地使用权形式的正式出现是在 1987 年下半年，当时深圳市率先试行了这一办法，使土地供应改变了以往只能依靠行政划拨的做法，引入市场机制，从而正式拉开了城市国有土地使用制度改革的序幕。同年 11 月，国家又批准了上海、天津、广州和海南试行土地使用权的有偿出让和转让。不久，上海、深圳分别出台了《上海市土地使用权有偿转让办法》、《深圳经济特区土地管理条例》。这些地方法规的制定和实施，标志着我国的土地使用制度改革在理论和实践上都取得了重大的进展，其影响意义是深远的。

城市国有土地使用制度的改革得到了全国人大常委会和国务院的重视与支持。1988 年 4 月，全国人大常委会修改了《宪法》的有关条款，规定土地使用权可以依法转让。同年 12 月，《土地管理法》经过修改，明确规定国家将依法试行城市土地的有偿使用制度。1990 年，国务院发布了《城镇国有土地使用权出让和转让暂行条例》和《外商投资开发经营成片土地暂行管理办法》，为城市土地使用制度改革的进一步深入进行提供了法律依据。随后的几年里，城市土地有偿使用制度的推行逐渐扩展到全国各个城市，成为政府工作的重要内容。

城镇国有土地使用制度改革由沿海扩及内地，由增量土地延及原来的存量土地。1990—1991 年，在杭州、重庆、抚顺、乐山等城市进行试点，探索对原来的存量土地即行政划拨用地制度的改革，重点放在如何使之根据市场需要合理流动方面。1992 年，这项工作在全国全面展开。随之，中国出现了"土地热"和"开发区热"，土地开发过度，出现供过于求现象，地皮炒卖盛行。随着国民经济的宏观调控，这些过量供应的土地后来又被闲置。1997年，党中央、国务院要求把土地清理工作作为土地管理的一项重要任务。城市土地的开发过度，不仅扰乱了地产市场的正常发育，而且占用了大量农田，危及我国农业生产。

1998年8月，在1986年的《中华人民共和国土地管理法》(以下简称《土地管理法》)基础上修订的新《土地管理法》问世，并于1999年1月1日起施行。它从内容上突出了切实保护耕地这一主题，加强了对土地使用的宏观管理。2001年国务院下发的《关于加强国有土地资产管理的通知》明确指出，商业性房地产开发用地和其他土地供应计划公布后同一地块有两个以上意向用地者的，都必须由市、县人民政府土地主管部门依法以招标、拍卖方式提供。自此，经营性国有土地招标拍卖供地作为一种市场配置方式被正式确立。

目前我国的城市土地产权制度基本上就是由两个“权利束”构成的，即城市土地“所有权权利束”和城市土地“使用权权利束”。所有权的权利束主要由最终所有权、最终支配权、最终处分权、最终收益权等权能构成；使用权的权利束主要由有限期的使用权、部分（有限）支配权、部分（有限）处分权、部分（有限）收益权等权能构成。

第二节　我国土地所有权的二元结构关系

【问题引入】

某县政府办公大楼年久失修，为了改善办公条件，县政府决定在辖区内某村的集体所有土地上新建一栋办公楼。在施工已经开始后，上级政府的国土资源行政主管部门发现了这一情况并向同级政府作了汇报。上级政府勒令该县政府立即停止施工，要求县政府在办理完征地及土地转用审批手续后再施工。

问题：为什么该县政府的办公大楼不能建在村集体所有的土地上?

根据前面关于我国土地制度发展历史的介绍可知，由于多种原因形成了由政府代表全体人民所有的土地和以自然村为单位的农民集体所有土地的二元土地权属格局。由于所有权具有占有权、最终支配权、最终处分权、最终收益权等权能，是其他权能产生的基础性权利。因此，界定土地的所有权成为土地法律管理制度中最为重要的法律规范。基于此，在新中国成立以来制定的临时性宪法（即中国人民政治协商会议共同纲领）文件和四次修改宪法中都对土地的所有权问题有所涉及。

一、国有土地的范围

《中华人民共和国宪法》第10条第1款规定：“城市的土地属于国家所有。”《中华人民共和国土地管理法实施条例》第2条对此作了进一步的规定：“下列土地属于全民所有即国家所有：（一）城市市区的土地；（二）农村和城市郊区中已经依法没收、征收、征购为国有的土地；（三）国家依法征用的土地；（四）依法不属于集体所有的林地、草地、荒地、滩涂及其他土地；（五）农村集体经济组织全部成员转为城镇居民的，原属于其成员集体所有的土地；（六）因国家组织移民、自然灾害等原因，农民成建制地集体迁移后不再使用的原属于迁移农民集体所有的土地。”

二、农村集体土地所有土地的范围

《中华人民共和国宪法》第 10 条第 2 款规定：“农村和城市郊区的土地，除由法律规定属于国家所有的以外，属于集体所有；宅基地和自留地、自留山，也属于集体所有。”

《土地管理法》第 10 条规定：“农民集体所有的土地依法属于村农民集体所有的，由村集体经济组织或者村民委员会经营、管理；已经分别属于村内两个以上农村集体经济组织的农民集体所有的，由村内各该农村集体经济组织或者村民小组经营、管理；已经属于乡（镇）农民集体所有的，由乡（镇）农村集体组织经营、管理。”

三、国有土地和集体土地的权利代表主体

国有土地在法理上是由我国全体人民所共有，但实际上不可能以全体表决的方式来体现所有权人的意志，因此国有土地的所有权由国务院代表国家行使，可以依法确定给单位或个人使用，由取得使用权的单位或个人对土地进行开发利用。

农民集体所有的土地依法属于村农民集体所有的，由村集体经济组织或者村民委员会经营、管理；已经分别属于村内两个以上农村集体经济组织的农民集体所有的，由村内各该农村集体经济组织或者村民小组经营、管理；已经属于乡（镇）农民集体所有的，由乡（镇）农村集体经济组织经营、管理。

第三节　我国对土地开发利用的基本原则

一、维护土地的社会主义公有制原则

随着生产力的发展，生产关系将不断地改变，其中包括对土地的占有关系。特定的土地占有关系要求相应的土地制度。这种土地制度的改变不是自发地产生，而是要通过革命的手段才能实现。为了摧毁旧的土地制度和建立新的土地制度，土地规划起着重要作用。列宁曾指出，为了保持政权，就必须按照我们的意图把旧农村改造成为资产阶级的农村，这就是“土地规划问题”的根源和实质。

新中国成立初期，我国即实行土地改革，彻底废除了地主的土地所有制，建立了农民个人土地所有制，使 3 亿多无地或少地的劳动农民分得了土地和大量农具耕畜，免除了每年交给地主 3 000 万吨以上粮食的地租，有力地提高了农民生产的积极性，大大地促进了农业生产的发展。在合作化和公社化过程中，土地利用规划作为一项综合技术经济措施发挥了应有的作用。

1982 年《中华人民共和国宪法》第 9 条、第 10 条对土地所有制和土地所有权、使用权都作了明确规定：“矿藏、水流、森林、山岭、草原、荒地、滩涂等自然资源，都属于国家所有。即全民所有；由法律规定属于集体所有的森林和山岭、草原、荒地、滩涂除外。”“城市的土地属于国家所有。农村和城市郊区的土地，除由法律规定属于国家所有

的以外，属于集体所有；宅基地和自留地、自留山，也属于集体所有。”

《中华人民共和国宪法》的上述规定，是新中国成立以来第一次以国家根本大法的形式对国家和集体两种土地所有权的郑重确认。这项规定是土地利用规划的根本指导原则，是合理组织土地利用的根本依据。我国是社会主义国家，社会主义土地公有制为土地的合理利用和保护创造了良好的条件和基础。我国人多地少，土地后备资源不足，必须节约和合理利用土地，保护土地资源。所以第五届人大四次会议把“十分珍惜每寸土地，合理利用每寸土地”作为我国的基本国策，要求按宪法执行关于“国家保障自然资源的合理利用……禁止任何组织或者个人用任何手段侵占或者破坏自然资源”和“一切使用土地的组织和个人必须合理利用土地”的规定，达到切实保护土地资源的目的。1999 年 1 月 1 日施行的《中华人民共和国土地管理法》第 3 条规定：“十分珍惜、合理利用土地和切实保护耕地是我国的基本国策。各级人民政府应当采取措施，全面规划，严格管理、保护、开发土地资源，制止非法占用土地的行为。”

二、合理开发利用土地的原则

人类是自然环境的产物，人类的生产发展离不开对自然资源的利用，土地作为最宝贵的自然资源之一，如何对其进行合理地开发利用，在我国人多地少的基本国情背景下便显得更为重要。要保证土地的可持续利用潜力，必须遵循如下几个指导思想：

（一）统筹安排各类用地

加强土地利用总体规划和专项规划、城市和集镇规划，优化农用地和建设用地结构和布局。编制规划务必体现超前的规划意识和在保护耕地的前提下发展各项事业的意识，从保护耕地、村容整洁、方便生活等目标出发，统筹城乡发展、区域发展、经济社会发展、人与自然和谐发展，对城市与农村未来用地进行科学预测。制定用地规划要与乡镇和村庄建设规划协调。在确保耕地总量不减少、质量不下降的前提下，使乡镇建设规划、工业布局规划与土地利用相衔接。

（二）推行集约用地

目前用地指标紧缺，耕地又少，如果要保障发展，就得节约集约用地。因此，要把每一块地都利用好，要把好每一个项目的预审关，要千方百计地挖掘用地潜力，提高用地效率，要严格定额指标管理，严格限制投资强度、建筑密度。要充分利用荒山荒地。要多把丘岗地、荒滩、劣地利用起来。同时，还要组织存量建设用地的普查，要摸清底数，盘活存量，用好存量，要依法收回闲置用地。

（三）制定合理的土地制度

只有设计科学的土地开发利用制度，才能既保持土地权利人开发投入的动力，又防止过度投机性的掠夺式开发。这不仅需要合理编制土地方面的法律法规，还需要配合物权法、合同法等相关法律法规方能达到效果。

三、切实保护耕地的原则

严格保护耕地的原则是控制非农建设占用耕地，确保基本农田总量不减少、质量不下降、用途不改变，并落实到地块和农户。

严格保护耕地的办法如下：

（1）严禁占用基本农田挖塘养鱼、种树造林或进行其他破坏耕作层的活动。

（2）修订耕地占用税暂行条例，提高耕地占用税税率，严格控制减免。

（3）搞好乡镇土地利用总体规划和村庄、集镇规划，引导农户和农村集约用地。

（4）加强集体建设用地和农民宅基地管理，鼓励农村开展土地整理和村庄整治，推动新办乡村工业向镇区集中，提高农村各类用地的利用率。

（5）加快推进农村土地征收改革。

四、实行土地用途管制的原则

土地用途管制制度是目前世界上土地管理制度较为完善的国家和地区广泛采用的土地管理制度。其特点，一是具有法律效力，二是具有强制性。土地用途管制制度由一系列的具体制度和规范组成。其中，土地按用途分类是实行用途管制的基础；土地利用总体规划是实行用途管制的依据；农用地转为建设用地必须预先进行审批是关键；而保护农用地则是国家实行土地用途管制的目的，核心是切实保护耕地，保证耕地总量动态平衡，对基本农田实行特殊保护，防止耕地的破坏、闲置和荒芜，开发未利用地、进行土地的整理和复垦；强化土地执法监督，严肃法律责任是实行土地用途管制的保障。实行土地用途管制制度，可以严格控制建设用地总量，促进集约利用，提高资源配置效率，有利于建设用地市场的正常化和规范化；可以严格控制农用地流向建设用地，有利于从根本上保护耕地。同时，通过增设农用地转用审批环节，为土地利用总体规划的有效实施提供保证。其社会目标是维护社会公共利益，保护耕地，控制建设用地；限制不合理利用土地的行为，克服土地利用的负外部效应，提高土地利用率；保护和改善生态环境，防止土地资源浪费和地力枯竭，实现土地资源的可持续利用。作为土地管理的一种有效形式，新《土地管理法》明确规定，我国实行土地用途管制制度。

五、土地有偿使用的原则

土地有偿使用是指土地所有权者将一定时期内的土地使用权提供给单位和个人使用，而土地使用者按照土地有偿使用合同的规定，一次或分年度向土地所有权者缴纳土地有偿使用费的行为。土地的有偿使用可以让使用者预估自己的投入与产出之间的比例关系，合理地规划使用目标，避免对土地开发的随意性，进而减少对土地的浪费。国有土地使用权的出让方式有招标、拍卖、协议，集体所有土地则可以通过承包经营的方式出让使用权。

六、土地统一管理的原则

加强城乡土地统一管理很重要。土地管理不统一，各方面都有权批准用地，就会导致大量土地被滥用。由各级人民政府及其土地管理部门代表国家统一行使土地管理的职权。既要对国家所有土地进行管理，也要对集体所有土地进行管理；既要对城市土地进行管理，也要对农村土地进行管理；既要管理农地，也要管理建设用地。总之，各级人民政府及其土地管理部门都要对所辖区域的土地依法实施全面管理。

七、正确处理中央与地方、土地所有者与土地使用者之间利益分配关系的原则

土地问题涉及各行各业、各个部门，以及公民、法人、经济组织和社会团体。土地管理必须正确处理好这些关系，既要保护国家利益不受损失，又要保证当事人的合法权益不受侵犯。

【重要法条链接】

1.《中华人民共和国物权法》

第四十七条　城市的土地，属于国家所有。法律规定属于国家所有的农村和城市郊区的土地，属于国家所有。

第四十八条　森林、山岭、草原、荒地、滩涂等自然资源，属于国家所有，但法律规定属于集体所有的除外。

2.《中华人民共和国土地管理法》

第二条　中华人民共和国实行土地的社会主义公有制，即全民所有制和劳动群众集体所有制。全民所有，即国家所有土地的所有权由国务院代表国家行使。

任何单位和个人不得侵占、买卖或者以其他形式非法转让土地。土地使用权可以依法转让。

◎思考题：

1. 法律意义上的土地的界定标准是怎样的？
2. 国有土地的权利行使代表主体是谁？
3. 我国的土地权属状况经历了怎样的发展路径？

第二章　土地开发利用的保护性管理制度

【本章导读】

工业、商业与农业对土地的需求是不同的，而两者之间在相互转化上存在困难。为了确保同时满足工商业与农业对土地利用的需求，保持两者比例的协调关系，政府必须对土地进行总体规划，为两者分配出必要的空间。本章主要介绍了我国的土地用途分类及管制、土地利用总体规划、农业用地的保护性管理制度、建设用地供给的控制等制度。

第一节　土地用途的主要分类

【问题引入】

某村农民王某觉得自家承包地的灌溉水渠不好用，于是联合了毗邻的三家农户准备在承包田旁修建一个储水池并配备水泵。村长李某对他们说，建房子占用了农业用地需要先到县政府去办理农用地转建设用地的审批手续。

问题：各类地是如何划分的？农田水利设施占地是否属于建设用地？

工商业在国家经济发展的贡献率中占有重大的比例，同时也需要消耗大量的土地，用以建设具备承载功能的房产。而农业也不可或缺，它为人类的生存提供了必需的食品与工业原料。因此，通过对土地用途进行分类而后进行用途管制则成为总体规划的基础。

一、农业用地

农业用地又称为农用地，是指直接或间接为农业生产所利用的土地，包括耕地、园地、林地、牧草地、养捕水面、农田水利设施用地（如水库、闸坝、堤埝、排灌沟渠等)，以及田间道路和其他一切农业生产性建筑物占用的土地等。

二、建设用地

建设用地，是指建造建筑物、构筑物的土地，它包括：（1）城乡住宅和公共设施用地，工矿用地，能源、交通、水利、通信等基础设施用地，旅游用地，军事用地等；（2）付出一定投资（土地开发建设费用），通过工程手段，为各项建设提供的土地；（3）利用土地的承载能力或建筑空间，不以取得生物产品为主要目的的用地。

三、未利用地

未利用地是指农用地和建设用地以外的土地。未利用土地又分为：（1）荒草地，是指树木郁闭度<10%，表层为土质，生长杂草，不包括盐碱地、沼泽地和裸土地；（2）盐碱地，是指表层盐碱聚集，只生长天然耐盐植物的土地；（3）沙地，是指表层为沙覆盖，基本无植被的土地，包括沙漠，不包括水系中的沙滩；（4）裸土地，是指表层为土质，基本无植被覆盖的土地。（5）裸岩石砾地，是指表层为岩石或石砾，其覆盖面积>50%的土地。

第二节　农业用地的保护性管理制度

【问题引入】

某市政府为了发展本地经济，扩大财政税收，在制定土地利用总体规划时拟在第二年的年度土地利用计划中征收辖区内22公顷集体所有土地，用于建设工业与高科技研发园区。在征收的土地中涉及基本农田170亩。

问题：该市政府的土地征收计划中是否存在违反农业用地保护性管理制度的问题？

土地的承载与生产功能在现有的技术条件下无可替代，不同的权利主体在对土地进行开发利用时，又往往是以追求效益最大化为目标，因此在选择究竟是将土地用于农耕渔牧生产还是修筑建筑时，常常倾向于选择后者。因为，在我国现阶段从事农业生产的人口多，土地承包主体分散，农产品的附加值偏低。虽然农业总产值很高，但平均到众多的农业人口上，从事农业生产的回报率仍然难以令人满意。而与此相反，在我国现阶段从事工业和商业开发的回报率远超过农业，所以在经济效益这根指挥棒的驱使下，土地的权利人更希望将土地用于非农产业。但在我国人多地少的国情之下，粮食生产始终是维持政权稳定与社会安定的头等大事，如果对农业用地的消耗与补偿不加以保护，我国极有可能出现无粮可收、过度依赖粮食进口的危局，所以必须通过法律来限制建设用地对农业用地的过度挤占。我国对农业用地（主要是种植主粮的耕地）的保护措施主要体现在以下两个方面：

一、耕地面积总量保持管理制度

《土地管理法》第31条规定："我国对于耕地的保护政策，即严格控制耕地转为非耕地。非农建设经批准占用耕地的，按照'占多少，垦多少'的原则，由占用耕地的单位负责开垦与所占用耕地的数量和质量相当的耕地；没有条件开垦或者开垦的耕地不符合要求的，应当按照省、自治区、直辖市的规定缴纳耕地开垦费，专款用于开垦新的耕地。"该条主要是针对建设用地需求单位，强制性地以开垦未利用地补偿占用耕地的方法来约束用地单位。如果没有条件在当地开垦新地，则需要交纳省、自治区、直辖市规定的开垦费为政府开垦新地提供经费保障。可以说也是采用了"经济门槛"来尽可能地减少滥用耕地的行为。

第33条规定："省、自治区、直辖市人民政府应当严格执行土地利用总体规划和土地利用年度计划，确保本行政区内耕地总量不减少。如果出现减少的情况，则国务院将责令在规定期限内组织开垦与减少耕地的数量及质量相当的耕地，并由国务院土地行政主管部门会同农业行政主管部门验收。新增建设用地后，新开垦耕地的数量不足以补偿占用耕地的数量的，必须报经国务院批准减免本行政区域内开垦耕地的数量，进行易地开垦。"该条主要约束省级地方政府在制定下一轮土地利用总体规划和年度利用计划的时候，必须考虑在执行上一轮土地利用总体计划的过程中因经济发展需要而耗用农业用地的情况。如果因为某些原因导致本辖区内的耕地总量减少了，则必须通过减少审批建设用地和开垦新耕地的办法来恢复原有的耕地面积。在以"GDP总量论英雄"的考核标准指引时，各级地方政府往往仅考虑地方利益而忽视国家的整体利益，在制定土地利用总体规划和利用年度计划中密集上马一些城市基础设施、工业园区、大型工厂、货物集散中心等需要占用大量土地的项目。地方经济虽能得到一时发展，但却危及国家在土地使用上的长远利益。因此，该条规定能在一定程度上约束地方政府的行为。

《土地管理法实施条例》第16条规定："在土地利用总体规划确定的城市和村庄、集镇建设用地范围内，为实施城市规划和村庄、集镇规划占用耕地，以及在土地利用总体规划确定的城市建设用地范围外的能源、交通、水利、矿山、军事设施等建设项目占用耕地的，分别由市、县人民政府、农村集体经济组织和建设单位依照《土地管理法》第31条的规定负责开垦耕地；没有条件开垦或者开垦的耕地不符合要求的，应当按照省、自治区、直辖市的规定缴纳耕地开垦费。"第18条规定："县、乡（镇）人民政府应当按照土地利用总体规划，组织农村集体经济组织制定土地整理方案，并组织实施。地方各级人民政府应当采取措施，按照土地利用总体规划推进土地整理。土地整理新增耕地面积的60%可以用作折抵建设占用耕地的补偿指标。"

上述两条规定，进一步细化了《土地管理法》的操作方案，明确了责任主体，并充分考虑到了新开垦地在土地肥力上难以与老耕地相比的现实性，明确了新开垦地与占用耕地面积之间的抵算比例，防止开垦新地的责任主体以少抵多、以次充好的行为。

二、农用地转用建设用地相关审批制度

农用地转用建设用地顾名思义就是通过行政审批许可的手段，改变原农业用地的土地用途分类，解除其用途限制，由原来只能用于农业生产转为用于修筑建筑设施。虽然某些建设用地也可以随着建筑的拆除和平整恢复耕种，但土地的自然耕种条件已经受到很大的破坏，土地肥力大为降低，农业产量必然无法完全恢复原有水平，甚至有些建设项目会彻底毁坏原有的地力，而根本无法再转回农业用地，所以必须慎重地考虑建设项目占用耕地的合理性，并通过行政审批来严格把关。

《土地管理法》第44规定："建设占用土地，涉及农用地转为建设用地的，应当办理农用地转用审批手续。省、自治区、直辖市人民政府批准的道路、管线工程和大型基础设施建设项目、国务院批准的建设项目占用土地，涉及农用地转为建设用地的，由国务院批准。在土地利用总体规划确定的城市和村庄、集镇建设用地规模范围内，为实施该规划而

将农用地转为建设用地的，按土地利用年度计划分批次由原批准土地利用总体规划的机关批准。在已批准的农用地转用范围内，具体建设项目用地可以由市、县人民政府批准。本条第 2 款、第 3 款规定以外的建设项目占用土地，涉及农用地转为建设用地的，由省、自治区、直辖市人民政府批准。”

该条将农用地转建设用地的审批权按照不同的建设项目分别授予从中央到市县各级政府。省、自治区、直辖市人民政府批准的道路、管线工程和大型基础设施建设项目、国务院批准的建设项目因其建设规模庞大，占用土地的面积相应的也非常大，所以慎重起见必须由国务院来审批。

其他已经在土地利用总体规划中确定将转为建设用地的农用地，因为在制定土地总体利用规划的过程中已经对农业用地转为建设用地的必要性进行过论证研究，只是涉及具体实施的问题所以没有必要再报更高层级的政府批准，只需要由原批准土地利用总体规划的机关批准就可以了。

该条最后一款则是一个兜底的条款，将无法提前预见的涉及建设项目占用农用地的审批权力交给所在地的省、自治区、直辖市人民政府批准。

三、部分地方对耕地保护措施改革的有益创新——以重庆“地票”制度为例

（一）“地票”制度的含义

按照《重庆农村土地交易所管理暂行办法》（以下简称《暂行办法》）第 18 条的规定，重庆农村土地交易所交易的地票，是指包括农村宅基地及其附属设施用地、乡镇企业用地、农村公共设施和农村公益事业用地等农村集体建设用地，经过复垦并经土地管理部门严格验收后产生的指标。按照《暂行办法》第 27 条的规定，地票的购买用途是“增加等量城镇建设用地”和“指标落地时，冲抵新增建设用地有偿使用费和耕地开垦费”。由此可知，地票实质上指的是城乡建设用地增减挂钩指标，而地票的持有者则拥有了增加相应面积的城镇建设用地的“资格”。

（二）“地票”制度的运行环节

地票运行的全过程分为复垦、验收、交易和使用四个环节，即按照规划和复垦整理规程，在农民自愿和农村集体同意的前提下，将闲置的农村宅基地及其附属设施用地、农村公共设施等农村集体建设用地，进行专业复垦变为耕地；经土地管理部门会同农业部门严格验收后，对复垦产生的耕地质量和数量进行把关，确认腾出的建设用地指标作为地票的来源；地票通过农村土地交易所面向社会公开交易，各项收益和补贴归农民和农村集体所有，农村集体经济组织获得的土地收益，主要用于农民社会保障和新农村建设等；购得地票的单位在城市规划区内选定待开发的土地，由区县（自治县）人民政府办理征收转用手续并完成补偿安置后，按“招拍挂”有关规定取得国有建设用地使用权。

（三）地票制度的创新意义

重庆地票制度设计主要有四个方面的创新意义：一是以“先补后占”代替过去的“先征后补”，先把农村建设用地转化成耕地之后，才在城市新增建设用地，有利于坚守耕地红线和提高耕地质量。二是建成了城乡统一的土地要素市场，利用级差土地收益提升偏远农村的土地价值，开辟城市反哺农村的新渠道，增加农民收入。这实质是在城乡之间

建立了要素双向对进的通道，农村的用地指标流向城市，城市资金则流向农村。三是通过显化农村土地价值，提高农民进入城镇生活和发展的能力，成为妥善解决统筹城乡户籍制度改革转户农民退出集体土地后的相关问题的有效途径。目前重庆市已经把地票制度作为助推户籍制度改革的重要推手，推动农民工进城落户。四是利用市场化机制，优化农用地、建设用地的空间布局，实现耕地连片、居民点集中，促进农业产业化经营和新农村建设。①

第三节　国有建设用地供给的控制措施

【问题引入】

某省的省会城市曾于2000年制定了该市2001—2014年土地利用总体规划，但随着人口的快速增长和工业的迅猛发展，原来的产业集中建设区规划面积显得捉襟见肘，为此该市政府打算修改土地利用总体规划，但在修改程序还未最终履行完毕之前，实际已经将一部分生态用地变更为建设用地。

问题：为什么要对土地利用制定总体利用规划？未按照土地利用总体规划开发土地会导致怎样的后果？

一、土地利用总体规划制度

土地利用总体规划是在一定区域内，根据国家社会经济可持续发展的要求和当地自然、经济、社会条件，对土地的开发、利用、治理、保护在空间上、时间上所作的总体安排和布局，是国家实行土地用途管制的基础。

《土地管理法》第17条规定："各级人民政府应当依据国民经济和社会发展规划、国土整治和资源环境保护的要求、土地供给能力以及各项建设对土地的需求，组织编制土地利用总体规划。土地利用总体规划的规划期限由国务院规定。"

二、总体规划的编制原则

《土地管理法》第19条规定："土地利用总体规划按照下列原则编制：（一）严格保护基本农田，控制非农业建设占用农用地；（二）提高土地利用率；（三）统筹安排各类、各区域用地；（四）保护和改善生态环境，保障土地的可持续利用；（五）占用耕地与开发复垦耕地相平衡。"第20条规定："县级土地利用总体规划应当划分土地利用区，明确土地用途。乡（镇）土地利用总体规划应当划分土地利用区，根据土地使用条件，确定每一块土地的用途，并予以公告。"

《土地管理法实施条例》第10条规定："依照《土地管理法》，土地利用总体规划应当将土地划分为农用地、建设用地和未利用地。县级和乡（镇）土地利用总体规划应当根据需要，划定基本农田保护区、土地开垦区、建设用地区和禁止开垦区等；其中，乡

① 刘朝旭、雷国平：《重庆地票制度施行中存在的问题与对策》，载《西部论坛》2011年第1期。

（镇）土地利用总体规划还应当根据土地使用条件，确定每一块土地的用途。”

三、土地利用总体规划的周期以及年度计划管理

《土地管理法实施条例》第9条规定：“土地利用总体规划的规划期限一般为15年。”第13条又规定：“各级人民政府应当加强土地利用年度计划管理，实行建设用地总量控制。土地利用年度计划一经批准下达，必须严格执行。土地利用年度计划应当包括下列内容：（一）农用地转用计划指标；（二）耕地保有量计划指标；（三）土地开发整理计划指标。”

第四节　土地储备管理制度

【问题引入】

某市拟引进某大型汽车生产线，该企业预计总投资额达70亿元，工业园区占地约5.8平方公里，计划建设期为2年，预计于2016年上半年建成并投产。为了给引进的企业供地，该市政府拟征收选址区域附近的集体土地，并将征收完毕的土地纳入土地整理储备管理中心。

问题：为何要创设土地储备管理制度？土地储备中心在国有土地的管理中起到了怎样的作用？

一、土地储备的概念

国土资源部、财政部、中国人民银行于2007年联合制定发布的《土地储备管理办法》第2条规定：“本办法所称土地储备，是指市、县人民政府国土资源管理部门为实现调控土地市场、促进土地资源合理利用目标，依法取得土地，进行前期开发、储存以备供应土地的行为。”土地储备是出让国有土地使用权的前期准备性工作，在我国现行的土地使用权出让法律制度中，只有政府才能作为一级土地使用权交易市场的出让方，而储备的土地就如同蓄水池，政府可根据土地市场交易的状况来宏观控制土地价格。

二、土地储备的主要作用

（一）通过储备土地可以调控每年建设用地的供需状况

将闲置土地储备起来，在立项过密、建设用地需求量旺盛时，适度减少土地的使用权投放量可以防止地产过热，而在地价过高导致竞买人不足时，又可以适量增加出让的土地，抑制地价过快增长。政府通过控制土地投放量的多寡可实现土地市场的平稳、持续发展。

（二）为土地使用权出让做好前期准备性工作

准备性工作主要体现在两个方面：一方面，有些纳入储备的地块，由于没有实现通路、通水、通电，地面上还留有妨碍建设施工的残余建筑物、垃圾、林木等原因，实际上不具备可利用性。而建设用地的受买人都希望取得使用权后便能立即投入运营，所以政府

设立储备机构来负责土地的“三通一平”工作。这既可提升土地的级差地价，减少土地的贱卖，也可以吸引更多的竞买人。另一方面，对于一些曾流转过多次的土地，竞买人会顾忌在前面的转让、使用过程中产生的一些遗留的法律纠纷问题，而通过储备实际上还起到了从法律上“净地”的作用。纳入储备的土地必然已转变为国有土地，竞买人不必担心前面的权属关系的纠纷问题。

三、负责进行土地储备的机构及职责

《土地储备管理办法》第 3 条规定：“土地储备机构应为市、县人民政府批准成立、具有独立的法人资格、隶属于国土资源管理部门、统一承担本行政辖区内土地储备工作的事业单位。”其主要职责是：承担土地储备规划和土地储备年度计划的编制工作；承担新增建设用地土地征收和储备工作，承担国有建设用地土地收购和储备事务性工作；承担土地开发整理项目的事务性工作；其他上级主管部门交办的其他事项。

四、纳入土地储备范围的对象

《土地储备管理办法》第 6 条规定：“各地应根据调控土地市场的需要，合理确定储备土地规模，储备土地必须符合规划、计划，优先储备闲置、空闲和低效利用的国有存量建设用地。”第 10 条又明确规定：“下列土地可以纳入土地储备范围：（一）依法收回的国有土地；（二）收购的土地；（三）行使优先购买权取得的土地；（四）已办理农用地转用、土地征收批准手续的土地；（五）其他依法取得的土地。”

另外，《土地储备管理办法》第 11 条规定：“市、县人民政府或国土资源管理部门依法无偿收回国有土地使用权的土地，由土地登记机关办理注销土地登记手续后纳入土地储备。”

五、对纳入储备的土地的前期开发与利用规则

对纳入储备的土地，经市、县人民政府国土资源管理部门批准，土地储备机构有权对储备土地进行前期开发、保护、管理、临时利用及为储备土地、实施前期开发进行融资等活动。土地储备机构应对储备土地特别是依法征收后纳入储备的土地进行必要的前期开发，使之具备供应条件。前期开发涉及道路、供水、供电、供气、排水、通信、照明、绿化、土地平整等基础设施建设。在储备土地未供应前，土地储备机构可将储备土地或连同地上建（构）筑物，通过出租、临时使用等方式加以利用。设立抵押权的储备土地临时利用，应征得抵押权人同意。储备土地的临时利用，一般不超过 2 年，且不能影响土地供应。

第五节　关于闲置土地的处置办法

【问题引入】

某集团股份有限公司拟在某市修建一幢号称世界第三高的摩天大厦，设计高度为 501 米。但随着一场金融危机的爆发，该集团股份有限公司的资金出现短缺，在仅投

入预计资金的20%之后便无力再继续为修建该大厦投入资金，导致工地停工达1年半之久。

问题：对该停工的大厦所占用的土地应如何处理？

一、闲置土地的确定依据

《闲置土地处置办法》第2条规定："本办法所称闲置土地，是指国有建设用地使用权人超过国有建设用地使用权有偿使用合同或者划拨决定书约定、规定的动工开发日期满1年未动工开发建设的国有建设用地。已动工开发但开发建设用地面积占应动工开发建设用地总面积不足三分之一或者已投资额占总投资额不足25%，中止开发建设连续满1年的国有建设用地，也可以认定为闲置土地。"

二、对闲置土地的处置措施

《闲置土地处置办法》第8条规定："有下列情形之一，属于政府、政府有关部门的行为造成动工开发延迟的，国有建设用地使用权人应当向市、县国土资源主管部门提供土地闲置原因说明材料，经审核属实的，依照本办法第12条和第13条规定处置：

（一）因未按照国有建设用地使用权有偿使用合同或者划拨决定书约定、规定的期限、条件将土地交付给国有建设用地使用权人，致使项目不具备动工开发条件的；

（二）因土地利用总体规划、城乡规划依法修改，造成国有建设用地使用权人不能按照国有建设用地使用权有偿使用合同或者划拨决定书约定、规定的用途、规划和建设条件开发的；

（三）因国家出台相关政策，需要对约定、规定的规划和建设条件进行修改的；

（四）因处置土地上相关群众信访事项等无法动工开发的；

（五）因军事管制、文物保护等无法动工开发的；

（六）政府、政府有关部门的其他行为。

因自然灾害等不可抗力导致土地闲置的，依照前款规定办理。"

《闲置土地处置办法》第12条规定："因本办法第8条规定情形造成土地闲置的，市、县国土资源主管部门应当与国有建设用地使用权人协商，选择下列方式处置：

（一）延长动工开发期限。签订补充协议，重新约定动工开发、竣工期限和违约责任。从补充协议约定的动工开发日期起，延长动工开发期限最长不得超过1年；

（二）调整土地用途、规划条件。按照新用途或者新规划条件重新办理相关用地手续，并按照新用途或者新规划条件核算、收缴或者退还土地价款。改变用途后的土地利用必须符合土地利用总体规划和城乡规划；

（三）由政府安排临时使用。待原项目具备开发建设条件，国有建设用地使用权人重新开发建设。从安排临时使用之日起，临时使用期限最长不得超过2年；

（四）协议有偿收回国有建设用地使用权；

（五）置换土地。对已缴清土地价款、落实项目资金，且因规划依法修改造成闲置的，可以为国有建设用地使用权人置换其他价值相当、用途相同的国有建设用地进行开发建设。涉及出让土地的，应当重新签订土地出让合同，并在合同中注明为置换土地；

（六）市、县国土资源主管部门还可以根据实际情况规定其他处置方式。

除前款第四项规定外，动工开发时间按照新约定、规定的时间重新起算。

符合本办法第2条第2款规定情形的闲置土地，依照本条规定的方式处置。”

三、强制收回闲置土地使用权的规定

已经办理审批手续的非农业建设占用耕地，连续2年未使用的，经原批准机关批准，由县级以上人民政府无偿收回土地使用者的土地使用权；该幅土地原为农民集体所有的，应当交由原农村集体经济组织恢复耕种。

在城市规划区范围内，以出让等有偿使用方式取得土地使用权进行房地产开发的闲置土地，超过出让合同约定的动工开发日期满1年未动工开发的，可以征收相当于土地使用权出让金20%以下的土地闲置费；满2年未动工开发时，可以无偿收回土地使用权；但是，因不可抗力或者政府、政府有关部门的行为或者动工开发必需的前期工作造成动工开发迟延的除外。

【典型案例】①

武汉A公司与武汉B公司于2003年3月18日签订了一份《联合开发协议》(以下简称《协议》)，约定甲方（指B公司，下同）以位于东西湖区金银湖畔，东靠汀香榭（环湖路）、南依金银湖、北临恋湖花园（高压走廊）之间约85.45亩计5.76公顷的土地，以228 000元/亩总计人民币19 480 000元作为投入，与乙方（指A公司，下同）联合开发住宅商品房小区；该宗土地正在办理临时国有土地使用权证，如甲方在2003年5月底未能将本宗土地批复办完而影响本合同的正常实施，由其赔偿乙方一切经济损失，并以另一宗已批复的土地（约119亩）作为担保；本协议签订后，乙方待甲方取得项目批文及持有与原合作方解除合作的合同原件后，即付甲方首期200万元，作为前期启动资金；本项目开始销售后，若销售金额达到1 000万元时，双方各提取300万元，直到销售金额到600万元时止，尾款及项目利润在销售收盘时结清；双方完成本项目，且完成本协议相应工作，则按清盘后的总利润分成，分成比例为5∶5。

2003年7月24日，A、B两公司签订了《联合开发补充协议》(以下简称《补充协议》)一份，对项目开发建设中的成本控制等相关事宜进行了约定。

2003年12月11日双方再次签订了《关于对“3·18协议”和“7·24补充协议”有关条款进行修改补充的协议》(以下简称《修改协议》)。将《协议》约定的228 000元/亩修改为260 000元/亩，还约定：由于目前土地尚未获得合法的使用权。在土地的审批按违法用地处罚时，如处罚标准在3元/㎡以内，由甲方自行承担，超过3元/㎡的由双方共同承担；甲方必须保证双方联合开发地块能够获得合法的开发使用权，如影响本项目的正常实施，由甲方承担一切责任，赔偿乙方的一切经济损

① 案例选取自武汉市中级人民法院2009年度优秀裁判文书集。

失，并以甲方另一宗已批复的土地（约119亩）作为担保；乙方先期已注入资金250万元，由于项目已进入实质性的开发建设，乙方在本协议签订时，再次注入资金300万元，剩余部分在本宗地块获得合法开发使用权时一次性注入。上述三份协议签订后，A公司均按照协议分三次将550万元汇入双方共管的银行账户。

2003年11月30日，武汉市东西湖区国土资源管理局下达"东土规监字第（2003）63号"《土地行政处罚决定书》，载明：B公司违反了《土地管理法》第43条的规定，根据该法第76条和《湖北省土地管理法实施办法》第47条的规定，按5元/㎡处罚，计288 168元。2004年4月30日，双方协商将共管账户予以销户，原告从银行取得170余万元，后B公司又于2004年10月18日向A公司支付200万元。此后，A公司分别于2005年2月21日和3月3日向B公司发函，要求返还投资款，承担利息，赔偿损失，并立即停止将另外119亩土地与他人进行合作开发的行为。B公司则分别于2005年2月23日和6月9日向A公司复函，称将积极筹资返还A公司投资款。2005年6月10日，A公司再次发函称因B公司违约，故希望中止双方之间的《协议》，并要求于当年9月以前返还剩余投资款。2005年6月30日，B公司复函称，违约方是A公司，投资款不能计算利息，且已经产生的实际开支是经双方确认才支出的，A公司有义务共担。鉴于双方的合同关系已经终止，另行签订解除合作的协议没有实际意义。为此，A公司向人民法院提起诉讼。

另查明，A与B公司联合开发的地块系B公司于2000年与武汉市东西湖区金银湖生态保护区管理处签订《项目合作开发协议书》获得，该协议约定由金银湖管理处向B公司提供土地用于开发，地块位于东西湖区生态保护区马池大队。该协议签订后，B公司与武汉市东西湖区土地管理局另行签订了国有土地使用权出让合同。B公司与A公司签订《协议》时曾出示了该合同，A、B两公司均认可该案所涉及土地为国有农用地，已于2002年申报将此土地作为建设用地，但目前仍在办理转为国有建设用地的手续。

【重要法条链接】

1.《中华人民共和国土地管理法》

第四条　国家实行土地用途管制制度。

国家编制土地利用总体规划，规划土地用途，将土地分为农用地、建设用地和未利用地。严格限制农用地转为建设用地，控制建设用地总量，对耕地实行特殊保护。

前款所称农用地是指直接用于农业生产的土地，包括耕地、林地、草地、农田水利用地、养殖水面等；建设用地是指建造建筑物、构筑物的土地，包括城乡住宅和公共设施用地、工矿用地、交通水利设施用地、旅游用地、军事设施用地等；未利用地是指农用地和建设用地以外的土地。

使用土地的单位和个人必须严格按照土地利用总体规划确定的用途使用土地。

第八条　城市市区的土地属于国家所有。

农村和城市郊区的土地，除由法律规定属于国家所有的以外，属于农民集体所有；宅基地和自留地、自留山，属于农民集体所有。

第十条　农民集体所有的土地依法属于村农民集体所有的，由村集体经济组织或者村民委员会经营、管理；已经分别属于村内两个以上农村集体经济组织的农民集体所有的，由村内各该农村集体经济组织或者村民小组经营、管理；已经属于乡（镇）农民集体所有的，由乡（镇）农村集体经济组织经营、管理。

第十七条　各级人民政府应当依据国民经济和社会发展规划、国土整治和资源环境保护的要求、土地供给能力以及各项建设对土地的需求，组织编制土地利用总体规划。

土地利用总体规划的规划期限由国务院规定。

第十八条　下级土地利用总体规划应当依据上一级土地利用总体规划编制。

地方各级人民政府编制的土地利用总体规划中的建设用地总量不得超过上一级土地利用总体规划确定的控制指标，耕地保有量不得低于上一级土地利用总体规划确定的控制指标。

省、自治区、直辖市人民政府编制的土地利用总体规划，应当确保本行政区域内耕地总量不减少。

第三十一条　国家保护耕地，严格控制耕地转为非耕地。

国家实行占用耕地补偿制度。非农业建设经批准占用耕地的，按照“占多少，垦多少”的原则，由占用耕地的单位负责开垦与所占用耕地的数量和质量相当的耕地；没有条件开垦或者开垦的耕地不符合要求的，应当按照省、自治区、直辖市的规定缴纳耕地开垦费，专款用于开垦新的耕地。

第三十七条　禁止任何单位和个人闲置、荒芜耕地。已经办理审批手续的非农业建设占用耕地，一年内不用而又可以耕种并收获的，应当由原耕种该幅耕地的集体或者个人恢复耕种，也可以由用地单位组织耕种；一年以上未动工建设的，应当按照省、自治区、直辖市的规定缴纳闲置费；连续二年未使用的，经原批准机关批准，由县级以上人民政府无偿收回用地单位的土地使用权；该幅土地原为农民集体所有的，应当交由原农村集体经济组织恢复耕种。

第四十三条　任何单位和个人进行建设，需要使用土地的，必须依法申请使用国有土地；但是，兴办乡镇企业和村民建设住宅经依法批准使用本集体经济组织农民集体所有的土地的，或者乡（镇）村公共设施和公益事业建设经依法批准使用农民集体所有的土地的除外。

第四十四条　建设占用土地，涉及农用地转为建设用地的，应当办理农用地转用审批手续。

省、自治区、直辖市人民政府批准的道路、管线工程和大型基础设施建设项目、国务院批准的建设项目占用土地，涉及农用地转为建设用地的，由国务院批准。

在土地利用总体规划确定的城市和村庄、集镇建设用地规模范围内，为实施该规划而将农用地转为建设用地的，按土地利用年度计划分批次由原批准土地利用总体规划的机关批准。在已批准的农用地转用范围内，具体建设项目用地可以由市、县人民政府批准。

本条第二款、第三款规定以外的建设项目占用土地，涉及农用地转为建设用地的，由省、自治区、直辖市人民政府批准。

2.《中华人民共和国城乡规划法》

第五条　城市总体规划、镇总体规划以及乡规划和村庄规划的编制，应当依据国民经济和社会发展规划，并与土地利用总体规划相衔接。

◎**思考题：**

1. 农业用地转为建设用地的是如何履行审批手续的？
2. 哪些土地应纳入储备土地？
3. 如何处理闲置建设用地？

第三章　国有土地使用权的出让与划拨

【本章导读】

本章主要介绍国有建设用地使用权流转的两种类型，即出让与划拨。其中出让方式是目前转移国有建设用地使用权的主要方式，本章详细介绍了“招标、拍卖、挂牌、协议”四种出让方式的适用对象、交易方式和程序以及划拨方式的适用对象与特点。

第一节　国有土地使用权出让概述

【问题引入】

某市文联拟在该市文化事业促进会（以下简称“文促会”）的文化产业园内修建一个书法研究与展示中心，该产业园是由该市文促会在2001年通过划拨方式获得的国有土地上建设的，文联与文促会达成一项用地转让协议，由文促会转让文化产业园内30亩土地给文联，用于修建书法研究与展示中心。

问题：文促会与文联之间达成的该项协议是否有效？为什么？

一、国有土地使用权出让的含义

国有土地使用权出让是指土地使用者向国家交付土地使用权出让费用，国家将土地使用权在一定的年限内让与土地使用者的行为。

目前，我国法律禁止任何形式的出让土地所有权的行为，包括国有土地和集体所有制土地的所有权，但可以将土地的使用权进行流转。对于集体所有制土地可采用承包的方式出让使用权，鉴于后面还有专章进行介绍，此处不再赘述。对于国有土地的使用权则以有偿出让为原则，以划拨为补充。

二、国有土地使用权出让的特点

（一）国有土地使用权出让是以土地所有权和使用权的分离为基础

国有土地使用权出让是对土地所有权与使用权进行剥离的一种法律制度的尝试，从物权之所有权的四项权能来看，即占有、使用、收益、处分，受让人通过出让获得了除最终处分权能之外（受让人仍然获得了部分处分权能，如抵押、入股等）的其他三项权能。受让人不仅可以依照土地出让合同自己开发利用土地，还可以利用土地的使用价值设置各种担保物权，相对于国家而言这些都属于他物权。

（二）国有土地使用权出让由政府垄断

出让的只能是国有土地使用权，禁止集体所有的土地直接进入市场流转。单位和个人进行建设，需要使用土地、设立土地使用权的，应当使用国有建设用地。所以，土地使用权出让方只能是市、县人民政府的土地管理部门，其他任何单位、个人不能实施土地出让行为。

（三）国有土地使用权是有期限物权

受让人享有按照出让合同约定时限的国有土地使用权，且不能超过法律规定的最高出让年限。《城镇国有土地使用权出让和转让暂行条例》第 12 条规定："土地使用权出让最高年限按下列用途确定（一）居住用地 70 年；（二）工业用地 50 年；（三）教育、科技、文化、卫生、体育用地 50 年；（四）商业、旅游、娱乐用地 40 年；（五）综合或者其他用地 50 年。"

（四）国有土地使用权出让必须有偿

受让方获得一定年限的国有土地使用权是以向出让人支付土地出让金为代价，一般在出让合同约定的时限内，一次性或分期支付。

第二节　国有土地使用权的出让对象与主体

【问题引入】

某市以高等院校林立，科研人才资源丰富而著称。经国务院批准，在该市的辖区内成立了某高新技术开发区，并设立相应的政府管理机关。该开发区管委会对外发布土地出让公告，拟以拍卖方式出让 106 亩国有建设用地的土地使用权。

问题：该开发区管委会是否为合法的国有土地使用权出让主体？

一、国有土地使用权出让的客体

前面已经介绍过，我国根据土地的利用方式将土地类型划分为农用地、建设用地和未利用地。国有土地包括上述三种类型的土地，但在土地交易市场上出让的土地使用权只能是建设用地，农业用地和未利用地（包括城市内按照土地利用规划属于生态保护区的土地）都不能作为出让对象。因此，这也意味着最后成功取得土地使用权的受让人只能在地上修建建筑物而不能用于其他目的。

二、国有土地使用权的出让人

根据《宪法》、《物权法》等相关法律的规定，国有土地作为国有财产的一部分，由国务院代表国家行使所有权并负责管理。各级地方政府通过授权来代表国家管理辖区范围内的国有土地，而每一级政府的组成部门中都有国土资源的行政管理部门，具体的管理工作就由这些部门来负责。《城市房地产管理法》第 15 条规定："土地使用权出让，应当签订书面出让合同。土地使用权出让合同由市、县人民政府土地管理部门与土地使用者签订。"《城镇国有土地使用权出让和转让暂行条例》第 11 条规定："土地使用权出让合同应当按照平等、自愿、有偿的原则，由市、县人民政府土地管理部门与土地使用者签订。”据此，法律明文规定，土地使用权出让虽然由市、县人民政府负责进行，但是具体实施和签订合同的出让主体应当是人民政府土地管理部门，包括市、县人民政府在内，各机关和团体都无权对外缔约出让土地使用权。

在现实中，存在不少地方市辖区及设立的经济技术开发区人民政府或者管理委员会出让土地的情况，但市辖区、经济技术开发区人民政府或者管理委员会并非国有土地所有者，是不能出让土地的。根据《国家土地管理局对出让国有土地使用权有关问题请示的答复》(〔1991〕国土函字第71号）的规定，县级人民政府不包括市辖区。对经济技术开发区出让主体的问题，最高人民法院曾经向国土资源部征询意见，后者明确答复开发区和市辖区未经市县人民政府委托授权，无权出让土地。① 因此，《最高人民法院关于审理涉及国有土地使用权合同纠纷案件适用法律问题的解释》第2条规定：“开发区管理委员会作为出让方与受让方订立的土地使用权出让合同，应当认定无效。”

三、国有土地使用权的受让主体

受让人是指中国境内外的公司、企业、其他组织和个人。2011年以前根据国务院发布的《外商投资开发经营成片土地暂行管理办法》第4条规定：“外商投资成片开发，应分别依照《中华人民共和国中外合资经营企业法》、《中华人民共和国中外合作经营企业法》、《中华人民共和国外资企业法》的规定，成立从事开发经营的中外合资经营企业，或者中外合作经营企业，或者外资企业。”即外商成为中国法人后才能获得国有土地使用权，但该办法在2011年被《国务院关于废止部分行政法规的决定》废止，因此外国公司、企业和个人也可以成为受让主体。

第三节　国有土地使用权的出让方式与程序

【问题引入】

某市拟通过拍卖的方式出让一块面积为2.2平方公里的宗地，后由于多次拍卖均以流拍结束，遂决定改为协议出让，但是参与协议出让谈判的开发单位打算利用这宗地建设一处集商品零售、住宅、休闲娱乐于一体的大型商业综合体。为此，有人提出既然是商业营利性建设项目则不能通过协议出让方式出让建设用地使用权，而只能通过招标、拍卖和挂牌方式。

问题：我国目前出让国有土地使用权的方式有哪些？它们之间有什么区别？

一、国有土地使用权出让的主要方式

《城市房地产管理法》第13条规定：“土地使用权出让，可以采取拍卖、招标或者双

---

① 韩延斌：《〈国有土地使用权出让、转让合同及相关纠纷案件适用法律若干问题的解释〉修改意见综述》，载《人民法院报》理论与实践版，2004年6月29日。

方协议的方式。”2002年通过，2007年修订的《招标拍卖挂牌出让国有建设用地使用权规定》又确定了一种新的出让方式——挂牌出让。因此，我国现行国有建设用地使用权出让方式包括四种：招标、拍卖、挂牌和协议出让。

（一）招标出让方式

1. 招标出让的概念、特点和形式

（1）概念

招标出让国有土地使用权，是指市、县人民政府土地行政主管部门发布招标公告，邀请特定或者不特定的公民、法人和其他组织参加国有土地使用权投标，根据投标结果确定土地使用者的行为。

（2）特点

① 充分的竞争性。招标是向社会公开进行的，所有自认为满足招标文件中设定条件的竞买人都可以向招标人提交标书。因此，以招标方式出让国有土地使用权可以最大限度地促进竞争，保障宗地的使用价值最大化地得到体现，也有利于通过市场竞争手段发挥市场对资源的优化配置功能，提高土地资源的利用效率。根据《招标拍卖挂牌出让国有建设用地使用权规定》(国土资源部11号令）第13条的规定，当竞买人少于3人时，该次招标无效，出让人应当依照本规定重新招标。

② 保密性。从发布公告起，投标过程都是保密的，投标人之间不知道竞争对手的标底，招标人对标底保密，以保证竞争的充分性。任何在开标前知晓标底的人员都负有保密义务，擅自泄露标底要承担相应的法律责任。

③ 评判的综合性。投标报价虽然是很重要的评判指标，但价格并非唯一的决定性指标。评标小组将综合评判竞买人的资质、用地项目内容、社会效益等多项指标来给每个竞买人打分，对能够最大程度地满足招标文件中规定的各项综合评价标准，或者能够满足招标文件的实质性要求且价格最高的投标人，应当确定为中标人。

④ 投标的一次性。在发布的招标文件规定的投标截止日期届满后，竞买人不能再对投标文件的内容进行修改，竞买人向招标人提交的投标意向至此固定下来。评标小组只能根据已经确定的投标文件对每个竞买人进行评分。

（3）招标形式

《招标投标法》第10条规定：“招标分为公开招标和邀请招标。”公开招标又称为无限竞争性招标，是指招标人以招标公开的方式邀请不特定的法人或者其他组织投标。邀请招标，又称为定向招标，是指招标人以投标邀请书的方式邀请特定的法人或其他组织投标。招标人采取公开招标方式的，应当发布招标公告。招标人采用邀请招标方式的，应当向3个以上具有承担招标项目能力、资信良好的特定的法人或者其他组织发出招标邀请书。

2. 招标出让方式的原则和适用范围

（1）招标出让的原则

在招标出让国有建设用地使用权的过程中适用公平、公开、公正和诚实信用原则。

（2）适用范围

根据《招标拍卖挂牌出让国有建设用地使用权规定》第4条的规定：“工业、商业、旅游、娱乐和商品住宅等各类经营性用地以及同一宗地有2个以上意向用地者的，应当以招标、拍卖或者挂牌方式出让。前款规定的工业用地包括仓储用地，但不包括采矿用地。”

3. 招标计划和招标方案及招标公告

（1）招标计划的制订主体

由市、县人民政府土地出让行政主管部门根据社会经济发展计划、产业政策、土地利用总体规划、土地利用年度计划、城市规划和土地市场状况编制。

（2）招标方案

市、县人民政府土地出让行政主管部门按照出让计划，会同城市规划等有关部门共同拟订招标出让土地的用途、年限、出让方式、时间和其他条件等方案，方案在得到市县人民政府批准后，由市县人民政府土地出让行政主管部门组织实施。

（3）招标公告

招标公告的内容包括出让人的名称和地址；出让宗地的位置、现状、面积、使用年限、用途、规划设计要求及开发建设期限；投标人的资格要求及申请取得投标资格的办法；索取招标文件的时间、地点及方式；招标时间、地点、投标期限方式等；确定中标人的标准和方法；投标保证金；其他公告事项。

4. 招标文件的编制、标底的确定

（1）招标文件的内容

招标文件包括：招标公告；投标须知；宗地图；土地使用条件；标书；国有建设用地使用权出让合同文本。

（2）标底的确定

市、县人民政府土地行政主管部门应当根据土地评估结果和政府产业政策综合确定标底。确定招标标底和投资保证金应当实行集体决策。标底在出让活动结束前应当保密。

5. 投标文件的编制

投标人应当按照招标文件的要求编制招标文件。投标文件应当对招标文件提出的实质性要求和条件作出响应。

投标人在招标文件要求提交投标文件的截止时间前，可以补充、修改或者撤回已提交的投标文件，并书面通知招标人。补充、修改的内容为投标文件的组成部分。

（二）拍卖出让方式

1. 招标出让的概念、特点和原则

（1）概念

拍卖出让国有建设用地使用权是指出让人发布拍卖公告，由竞买人在指定时间、地点进行公开竞价，根据出让价格结果确定土地使用权人的行为。

（2）特点

① 公开性。拍卖某块宗地使用权之前，与招标方式一样，也必须向社会公开发布拍卖公告，其公开性由此得以体现。

② 价格的决定性。此为与通过招标方式确定中标人最大的不同之处，招标方式确定的中标人不一定是报价最高的竞买人，而拍卖方式只以价格作为确定胜出者的唯一考虑因

素，当主持人连续三次宣布同一应价而没有再应价的，主持人落槌表示拍卖成交，并宣布最高应价者为竞得人。

③ 报价的多次性。在招标方式中，投标截止时间届满后竞买人不能再修改报价；而在拍卖过程中，各个竞买人可以在自己的应价被他人更高的应价替代之后再举牌报出新应价，直至再无更高的应价为止。

④ 对拍卖人和竞买人的要求高。它要求拍卖人事先公布竞投用地的位置、用途、面积、土地使用年限及付款方式。

（3）原则

拍卖出让方式所适用的原则与招标出让一致，在此不再赘述。

2. 拍卖计划和方案及文件的编制

（1）拍卖计划

与招标方式的计划制订方式相同。

（2）拍卖方案

与招标方式的方案制订方式相同。

（3）拍卖文件的编制

拍卖文件应包括以下主要内容：拍卖公告；竞买须知；拍卖地块宗地；土地使用权的规划意见；竞买申请书；拍卖成交确认书；国有建设用地使用权出让合同文本；其他文件。

3. 竞买申请的提出和竞买申请的审查

（1）竞买申请的提出

竞买人除必须在申请截止日前提出竞买申请外，还要交纳不少于拍卖文件规定的竞买保证金，并提交以下文件：竞买申请书；营业执照副本；法定代表人证明书、法定代表人身份证复印件；如委托竞买，应提交授权委托书；资信证明；拍卖文件要求提交的其他证明文件。

（2）拍卖人对竞买申请的审查

下列情形之一的，为无效申请：①申请文件在竞买申请截止日期后收到的；②申请文件不齐全或不符合规定的；③申请文件字迹不清，无法辨认的；④申请人不具备竞买资格的；⑤委托他人代理，委托文件不齐全或不符合规定的；⑥拍卖文件中规定的其他情况。

（三）挂牌出让方式

1. 挂牌出让的概念、特点

（1）概念

挂牌出让国有建设使用权是指出让人发布挂牌公告，按公告规定的期限将拟出让宗地的交易条件在指定的土地交易场所挂牌公布，接受竞买人的报价申请并更新挂牌价格，根据挂牌期限截止时出价结果确定土地使用权人的行为。

（2）特点

① 市场化程度较高。参与挂牌出让的主体突破了时间、空间的限制，较前面两种方式参与竞拍的主体数量更多，更能充分地进行竞争，故而市场化程度较高。

②透明度高。除了通过挂牌报价之外，没有其他的中间评价主体参与决策，更有利于减少权力寻租的可能性，故透明度高。

③充分体现价高者得。相对于招标出让方式，在确定中标的条件中除了报价之外还要结合其他条件来综合判定最后的胜出者，而挂牌出让除了报价之外没有其他评价标准，因此充分体现价高者得的特点。

④不受竞买人数限制。由于无须在指定时间将所有的竞买人集中在固定场所内进行拍卖，因此不受空间的限制，突破了空间对竞买人数的限制。

⑤方式简便。

⑥节省组织等费用成本。

2. 挂牌竞买的提出和资格审查

土地挂牌程序中出让人应当对竞买申请人进行资格审查。土地交易市场中竞买人在挂牌出让公告规定的申请截止时间内向出让人提出竞买申请，并提交下列文件和竞买保证金：

（1）竞买申请书；

（2）营业执照副本、法定代表人证明书、身份证（如委托应提交授权委托书及委托代理人的身份证明）；

（3）提交不低于公告数额的竞买保证金交款发票。出让人收到竞买申请后，进行资格审查，对符合挂牌公告规定条件的申请人，应当通知其参加挂牌活动。

（四）协议出让方式

1. 挂牌出让的概念、特点

（1）概念

协议出让是指出让方和受让方经过协商，就土地使用权出让条件以及双方的权利义务达成一致而出让土地使用权的民事法律行为。

（2）特点

协议出让方式不同于招标、拍卖和挂牌，上述方式都属于市场竞争方法。协议出让方式中政府对土地的控制力度大，不利于公平竞争，谈判的对象往往都是选定的受让方。该出让方式只能用于一些缺乏竞争的行业，适用于公共福利事业和非营利性的社会团体、机关单位用地和某些特殊用地。

2. 协议出让国有建设用地使用权的适用范围

《城市房地产管理法》第13条规定：“商业、旅游、娱乐和豪华住宅用地，有条件的，必须采取拍卖、招标方式；没有条件，不能采取拍卖、招标方式的，可以采取双方协议的方式。”但2002年5月9日国土资源部第11号令实质上缩小了可用协议出让方式获取建设用地的范围，在此规范文件中明确规定商业、旅游、娱乐和商品住宅等各类经营性用地必须以“招拍挂”方式出让。

3. 协议出让国有建设用地使用权的申请

用地单位认为符合协议出让国有建设用地使用条件的，以申请人的名义向国土房管局提出土地出让申请，并提交以下文件：

(1) 用地申请书的内容

① 申请出让的宗地的基本情况，即坐落、四至、面积、规划用途；

② 申请出让宗地的权属情况；

③ 是否已取得计划、规划部门批准文件；

④ 是否已审定地价水平或是否进行了地价评估；

⑤ 地上物状况；

⑥ 开发建设情况；

⑦ 申请土地使用权出让的理由；

⑧ 提出申请出让的请求。

(2) 申请协议出让国有建设用地使用权应向土地行政主管部门提出的材料

① 土地出让申请（原件）；

② 地价评估报告；

③ 项目建议书批复及可行性研究报告批复；

④ 有关规划方面的文件（包括规划意见书及附图，建设用地规划许可证及附件、附图，审定设计方案通知书及附图，设计单位出具的地上、地下及规划用途建筑面积的说明，钉桩成果通知单）；

⑤土地权属及权属来源的文件（房屋所有权证，国有建设用地使用权证，征地批复、划拨批复、建设用地批准书，与原用地单位的协议书，原用地单位同意申请用地单位出让手续的证明）；

⑥ 申请用地单位自身的文件（法人资格证书或执照等）。

二、各种取得方式的主要程序

（一）招标出让土地使用权的基本程序

招标出让开始后整个过程分为四个阶段，即准备阶段、开标阶段、评标阶段和中标阶段。

1. 准备阶段

市、县国土资源管理部门应当将经批准的国有土地使用权出让计划向社会公布。有条件的地方可以根据供地进度安排，分阶段将国有土地使用权出让计划细化落实到地段、地块，并将相关信息及时向社会公布。国有土地使用权出让计划以及细化的地段、地块信息应当同时在中国土地市场网（www. landchina. com）上公布。

对具有综合目标或特定社会、公益建设条件、开发建设要求较高、仅有少数单位和个人可能有受让意向的土地使用权出让，可决定采取招标方式。然后，市、县国土资源管理部门公布国有土地使用权出让计划、细化的地段、地块信息，应当同时明确用地者申请用地的途径和方式，公开接受用地申请。需要使用土地的单位和个人（以下简称意向用地者）应当根据公布的国有土地使用权出让计划、细化的地段、地块信息以及自身用地需求，向市、县国土资源管理部门提出用地申请。

招标开始前，市、县国土资源管理部门还应当根据拟出让地块的条件和土地市场情况，依据《城镇土地估价规程》，组织对拟出让地块的正常土地市场价格进行评估。市、县国土资源管理部门或国有土地使用权出让协调决策机构应当根据土地估价结果、产业政策和土地市场情况等，集体决策，综合确定出让底价和投标、竞买保证金。招标出让的，应当同时确定标底。

2. 开标阶段

招标人在招标文件中规定的时间、地点开标。开标时投标人少于 3 人的，招标应当停止，并依照规定重新招标。开标时应当通知全部投标人参加，当众检查投标文件夹密封情况，经确认无误后，当众启封并宣读投标人名称、投标价格和投标文件的主要内容。全部投标价格低于标的的，招标人应当宣告招标无效。

3. 评标阶段

评标小组由招标人代表和有关技术、经济等方面的专家组成，成员为 5 人以上单数，其中技术、经济等方面的专家不得少于成员总数的 2/3。评标小组成员应按照招标文件确定的评标标准和方法，对投标文件进行评审。评标委员会对投标人的提问，不能超出投标文件的范围或改变投标文件的实质性内容。

4. 中标阶段

评标小组评标后，应当向招标人提交书面评标报告。并推荐合格的中标候选人。由招标人根据报告和推荐的中标候选人确定中标人。招标人也可授权评标小组直接确定中标人，但只有对能够最大限度地满足招标文件中规定的各项综合评价标准，或者能够满足招标文件的实质性要求且价格最高的投标人才能被确定为中标人。

（二）拍卖出让土地使用权的基本程序

拍卖方式在准备阶段要做的工作与招标方式基本相同，但拍卖方式不一定必须有底价，可以采取无底价方式拍卖。

拍卖人应按照拍卖公告规定的时间、地点按时召开拍卖会。通过审查的竞买人，发给有编号的竞买标志牌。竞买标志牌代表竞买人的资格。拍卖会按以下程序进行：

（1）竞买人显示标志牌，主持人介绍竞买人；

（2）主持人介绍拍卖宗地的位置、面积、用途、使用年限、规划要求和其他事项；

（3）主持人宣布起叫价和增价规则及增价幅度，并明确提示是否设定有底价；

（4）主持人报告起叫价；

（5）竞买人举牌应价或者报价；

（6）主持人确认该应价后继续竞价；

（7）主持人宣布最高应价者为竞得人；

（8）竞得人签署拍卖成交确认书。

竞买人不足 3 人，或者竞买人的最高应价未达到底价的，主持人应当终止拍卖。拍卖主持人在拍卖过程中可根据情况调整增价幅度。

（三）挂牌方式出让土地使用权的基本程序

（1）在挂牌文件规定的挂牌起始日，挂牌人将挂牌宗地的位置、面积、用途、使用年限、规划要求、起始价、增价规则及增价幅度等，在土地交易市场挂牌公布；

（2）符合条件的竞买人填报竞买报价单报价；

（3）挂牌人确认该报价后，更新显示挂牌报价；

(4) 挂牌人继续接受新的报价；

(5) 挂牌人在挂牌文件规定的截止时间确定竞买人。

(四) 协议出让国有建设用地使用权的评审

1. 协议出让的初审

国土房管局受理用地申请人的申请后，向申请人出具受理单，并在1个工作日内将全部文件转至土地出让处。后者对文件进行初审，对可以以协议方式出让土地的，在2个工作日内将所有文件批转到土地利用事务中心，对不具备协议出让条件的，告知申请人。

2. 协议出让的地价评审

土地利用中心受国土房管局的委托，在接到转批的文件后，对地价评估报告进行技术审查，审查合格后组织安排地价评审办公室和专家委员会。地价评审专家委员会审定后，报局长办公室会议最后审定（一般在专家委员会审定后的下一周内召开），并由土地出让处下达地价审定通知单，将通知单直接转至土地利用中心，地价评审的周期不超过40个工作日。

3. 出让合同的审批及签署

土地出让处对土地利用中心报送的材料进行审查，并报请局领导审批、签订国有建设用地使用权出让合同，加盖印章后移送土地利用中心审查、呈报的周期为10个工作日。出让合同签订后，土地利用中心通知申请人缴纳地价定金，领取出让合同。余款由受让方按合同约定期限缴纳。

第四节　国有建设用地使用权的划拨

一、国有建设用地使用权划拨的概念及特点

(一) 概念

建设用地使用权划拨是指县级以上人民政府依法批准，在建设用地使用权人缴纳补偿、安置等费用后将该幅土地交付其使用，或者将建设用地使用权无偿交付给建设用地使用者使用的行为。

(二) 特点

1. 主体的特定性

只有县级以上人民政府有批准权，组成部门都无权划拨土地。

2. 取得建设用地使用权的无偿性

这里所谓的无偿是相对于出让方式而言，只是无须缴纳国有土地使用权出让金，但如需对地上建筑、林木、青苗进行征收，用地单位仍然要给予补偿。

3. 土地使用的无期性

目前没有关于划拨土地使用期限的法律规定，一般直至原批准划拨土地的政府决定收回，或用地目的已经消失（例如某大型矿区随着资源的枯竭而废除则应该收回原划拨的土地）方收回土地使用权。

4. 划拨土地使用权转让的限制性

用地单位在无权自由转让划拨土地的使用权，只有在用地单位补缴土地出让金并在土地管理部门办理了相应的变更手续之后，用地单位才能转让土地使用权。

5. 划拨建设用地使用权的行政性

是否同意用地单位的用地申请，完全由县级以上政府单方决定。划拨建设用地使用权法律关系中的双方之间不是平等的民事法律关系，而是行政法律关系。

二、可采用划拨形式取得土地使用权的开发项目

划拨建设用地使用权的取得是一种行政行为，只有符合国家特定用地项目的范围，用地单位才能向国家提出申请，取得划拨建设用地使用权。根据国土资源部 2001 年施行的《划拨用地目录》的规定，下列范围的建设项目可申请划拨建设用地使用权：

（1）国家机关用地和军事用地；

（2）城市基础设施用地和公益事业用地；

（3）国家重点扶持的能源、交通、水利等基础设施用地（例如电力、铁路交通设施、公路交通设施、水路交通设施等）；

（4）法律、行政法规规定的其他用地。

三、划拨建设用地使用权的申请

（一）申请程序

凡符合《城市房地产管理法》第 23 条规定的城镇建设用地，用地单位可依法向市或区、县房屋土地管理局提出划拨用地申请。土地行政主管部门收到用地单位提交的划拨用地申请后，应当通知用地单位提交有关文件。用地单位交齐文件后，应填写城镇建设用地申请审批表。

（二）用地申请应提交的材料

用地单位提出申请后，应按土地行政主管部门的通知提交以下文件：

（1）发改委立项批复和可行性研究报告的批复；

（2）规划行政主管部门核发的建设用地规划许可证附件及规划用地红线图（原件）；

（3）规划行政主管部门核发的审定设计方案通知书及方案图；

（4）与规划用地红线图相同比例尺的图纸三份；

（5）用地单位关于建设用地范围内的房屋产权情况和其他情况的说明；

（6）用地单位法人资格证明；

（7）属于各级财政拨款的党政机关、行政事业单位建设办公用房的项目，须提交财政部门的证明文件；

（8）其他有关文件。

（三）划拨用地的勘察、审核与批准

1. 划拨用地的勘察

用地单位将城镇建设用地申请审批表返回土地行政主管部门后，土地行政主管部门的工作人员与用地单位一起到建设用地现场实地勘察，查明土地情况。

2. 划拨用地的审核

土地行政主管部门对用地单位提交的文件进行审查，并根据对建设用地实地勘察，对具备用地条件、符合用地手续的，报主管部门领导审表。

3. 划拨用地的批准

土地行政主管部门领导对具备用地条件、符合用地手续的划拨用地申请进行审核同意的，拟文报请同级人民政府批准。经同级人民政府批准后，市、区县土地行政主管部门代市、区县人民政府拟文批复同意用地单位用地，并核发城镇建设用地批准书及拨地红线图。

【典型案例】

案例一①：

原告方：时间房地产建设集团有限公司（以下简称“时间公司”）。

被告方：玉环县国土资源局（以下简称“国土局”）。

2002年11月7日，国土局在《玉环报》上刊登了《玉环县国土资源局国有土地使用权挂牌出让合同》(以下简称《挂牌出让公告》)，主要内容如下：经玉环县人民政府批准，国土局定于2002年11月21日8时到12月4日15时，在玉环县地产交易窗口挂牌出让下列一宗国有土地使用权：该地块位于玉环县珠港镇坎门渔港花礁岩填海开发工程区域，开发编号为2002-005号，面积为25.943 4公顷，用途为混合住宅用地（商住混合），土地使用年限为70年；该地块挂牌起拍价为4 300万元，成交地价在成交后付40%，余额在合同中约定付清；参加竞买者在报名时须交纳保证金2 000万元。2002年11月20日，时间公司向国土局递交了《挂牌出让竞买申请书》，申请参加国有土地使用权挂牌出让竞买。同日，时间公司依约汇入玉环县土地储备中心2 000万元。次日，时间公司向国土局提供了《挂牌出让竞买报价单》，报价为5 000万元。

2001年12月14日，浙江渝汇置业有限公司（以下简称渝汇公司）与国土局签订《国有土地使用权出让草签合同》，该合同第4条、第7条约定：“本合同项下出让宗地的用途为《浙江省玉环县坎门湾风景区总体开发规划（草案）》一期投资的海景花园小区”；“本合同项下宗地的土地使用权出让金为每平方米人民币165元，总额为4 400万元”。2001年12月至2002年10月，渝汇公司共向浙江省玉环县坎门渔港开发中心及玉环县财政局支付款项1 720万元。2002年11月14日，渝汇公司向国土局提供了《关于将应退土地转让金转为土地挂牌保障金的报告》，要求将上述款项直接转为挂牌竞买保证金并获同意。同年11月20日，渝汇公司汇入玉环县土地储备中心280万元；11月21日，渝汇公司向国土局提供了《挂牌出让竞买报价单》，报价为5 100万元。

2002年11月20日，国土局将“玉环海滨新城金港湾（即2002-005号海域开发

---

① 案例摘自刘子平、梁朔梅编著：《国有土地纠纷新型典型案例与专题指导》，中国法制出版社2009年版，第17~18页。

宗地）挂牌出让，底价为5 700万元，计人民币伍仟柒佰万元整”的底价函保存在玉环县公证处。

2002年11月20日，浙江省国土资源厅接到举报称国土局在坎门渔港金海湾土地挂牌出让中有不规范、暗箱操作行为后，查明该宗土地正在上报审批而未获批准，遂要求国土局在未经依法批准前停止挂牌。同年11月22日，国土局分别向时间公司、渝汇公司发出了《关于对2002-005号海域开发宗地停止挂牌出让的通知》，该通知载明：“根据浙江省国土资源厅意见，玉环海滨新城金港湾，即开发编号为2002-005号海域开发宗地，未经省厅批准前，不得进行挂牌出让。故本局停止对2002-005号海域开发宗地的挂牌出让，若重新挂牌，另行公告。”同日，国土局将2 000万元退还给时间公司。时间公司认为国土局的发布公告及接受挂牌金和该公司挂牌报价的行为是民事法律行为，对双方都具有法律约束力，国土局擅自停止挂牌的行为已违反了我国的有关法律规定，应属无效行为，遂向浙江省高级人民法院提起诉讼。

时间公司向浙江省高级人民法院诉称：2002年11月7日，国土局在《玉环报》上刊登《挂牌出让公告》，载明经玉环县人民批准。时间公司根据公告的要约交纳了挂牌押金2 000万元。2002年11月21日，时间公司在国土局指定的地产交易窗口依法参加挂牌竞投活动，并于当日14时30分挂出了5 000万元报价的竞买单。而国土局作为唯一代表国家出让国有土地的部门，在未经有权部门批准发布挂牌公告后又取消挂牌，按照常理，是不可能的事情，国土局对此恶意毁约行为应承担全部的法律责任。根据2001年11月11日台州市人民政府第74号令发布的《台州市国有土地使用权出让招标拍卖管理办法》（以下简称“74号令”）第29条的规定，时间公司交纳的2 000万元应该属于立约定金，根据《担保法》第89、90条的规定，国土局应双倍返还。故时间公司请求：（1）判令国土局继续履行合同，将开发编号为2002-005号开发宗地出让给时间公司；（2）判令国土局双倍返还时间公司所交的约定为定金性质的保证金4 000万元（已返还2 000万元）；（3）由国土局承担案件受理费。

案例二①：

原告：青岛南太置业有限公司（以下简称“南太公司”）。

被告：青岛市崂山区国土资源局（以下简称“崂山国土局”）。

2001年2月23日，山东省青岛市人民政府在澳大利亚举办“青岛日”招商活动。在活动中，山东省青岛市崂山区沙子口街道办事处段家埠村与澳大利亚南太置业股份有限公司、青岛鑫城房地产有限公司签订了《开发“澳大利亚旅游观光度假村”联建合同书》。2001年8月15日，崂山区国土局与南太公司、澳大利亚南太置业股份有限公司签订《青岛市崂山区国有土地使用权预约协议》。2002年1月24日，山东省青岛市崂山区发展计划局依据南太公司的申请，下发《关于澳洲花园项目立项的批复》，同意澳洲花园项目实施。2002年7月29日，山东省青岛市规划局下发

① 案例摘自刘子平、梁朔梅编著：《国有土地纠纷新型典型案例与专题指导》，中国法制出版社2009年版，第36~37页。

《建设用地规划设计条件通知书》，同意南太公司按规划设计条件，对该用地进行规划设计。2002年12月26日，山东省青岛市人民政府向山东省人民政府报送《关于崂山区2002年度第十八批城市建设用地的请示》。

2003年1月6日，崂山区国土局与南太公司签订《国有土地使用权出让合同》。该合同第3条约定：崂山国土局出让给南太公司的宗地位于沙子口街道办事处段家埠村，宗地面积为186 235平方米，其中出让土地面积为152 702平方米。第7条约定：出让金为每平方米369.15元，总额为56 369 943.3元。第15条约定：南太公司在按本合同约定支付全部土地使用权出让金之日起30日内，应持本合同和土地使用权出让金支付凭证，按规定向崂山区国土局申请办理土地登记，领取国有土地使用权证，取得出让土地使用权。崂山国土局应在受理土地登记申请之日起30日内，依法为南太公司办理出让土地使用权登记，颁发国有土地使用权证。第40条第2款约定：本合同项下宗地出让方案尚需山东省人民政府批准，本合同自山东省人民政府批准之日起生效。同日，双方就本合同未尽事宜达成《补充协议》约定：根据出让合同约定，宗地总面积为186 235平方米，其中净地面积为152 702平方米，南太公司同意代征道路及绿化带面积33 533平方米，价格为每平方米75元，总计2 514 975元，并承担相关税费及地面附着物补偿费。

2003年1月13日，山东省青岛市规划局向南太公司发放了建设用地规划许可证，明确“澳洲花园”项目用地符合城市规划要求，准予办理规划用地手续。

2003年2月19日，山东省人民政府下发鲁政土字〔2003〕52号《关于青岛市崂山区2002年第十八批次城市建设用地的批复》，同意青岛市崂山区沙子口街道办事处20万平方米农用地转为建设用地，其中耕地为66 191平方米，园地为133 809平方米。上述农用地转用后同意征用，用于青岛市城市建设。同时指出，要严格按照有关规定向具体建设项目提供用地，供地情况要经青岛市国土资源部门及时报山东省国土资源厅备案。

2004年4月12日，崂山区国土局以《国有土地使用权出让合同》无效、其无法履行合同约定的义务为由，通知南太公司解除双方签订的出让合同，并要求南太公司于接到通知后30日内到崂山区经营性用地合同清理办公室办理退款等相关事宜。南太公司遂向山东省人民法院提起诉讼。

2005年1月13日，山东省泰安市中级人民法院作出的已生效的〔2004〕泰刑二初字第20号刑事判决认定，2001年8月，被告人于某某利用担任崂山区国土局局长职务的便利，接受青岛鑫城房地产有限公司（该公司为南太公司股东，占南太公司10%的股份）总经理路某某的请托，为该公司办理了国有土地使用权预约手续。为表示感谢及继续得到于某某的关照，2002年春节前一天，路某某送给于某某3万元的购物卡。2003年1月，于某某以购车为由，向路某某索要33万元。于某某的上述行为已构成受贿罪。

2004年6月28日，南太公司向山东省高级人民法院起诉称：南太公司系青岛“澳洲花园”项目的开发商，《国有土地使用权出让合同》是为该项目用地所签。山东省人民政府以鲁政土字〔2003〕52号文批复了该项目所涉及土地使用权的农用地转用手续及征地事宜。开发前所需的规划手续也都已办理完毕。南太公司如约缴纳了土地出让金，现崂山区国土局却以合同所附的条件未成立为由，单方面解除合同，给南太公司造成不可估量的经济损失。为维护自己的合法权益，特请依法判令崂山区国土局继续履行《国有土地使用权出让合同》，立即为南太公司颁发土地使用权证。

崂山区国土局答辩称，双方签订的《国有土地使用权出让合同》没有生效，该合同对双方当事人没有约束力，主要理由如下：

1. 双方签订的《国有土地使用权出让合同》的生效条件没有成立。本案所涉《国有土地使用权出让合同》第40条约定："本合同项下宗地出让方案尚需经山东省人民政府批准，本合同自山东省人民政府批准之日起生效。"但本合同项下宗地出让方案，山东省人民政府从未批复过。山东省人民政府的鲁政土字〔2003〕52号文是针对青岛市政府对包括本案宗地在内的20万平方米农用地转为建设用地请示的批复，而非对本案所涉土地出让方案的批复。南太公司错误地认为农用地转用审批就是对出让方案的审批。因此，合同的生效条件并未成就。

2. 本案的合同没有效力。首先，该合同违反了《城市房地产管理法》第9条的规定，山东省人民政府的批复时间是2003年2月19日，而本案所涉合同却在2003年1月6日即已签订，其时农用地尚未被征用为国有土地。建设用地必须先征收后签订出让合同，这是房地产管理法的强制性规定。本案所涉的合同违反了这一强制性规定，因此，自始即没有法律效力。其次，双方签订的合同严重违反了《招标拍卖挂牌出让国有建设用地使用权规定》第4条的规定。按照这一规定，本案所涉土地必须通过招标、拍卖、挂牌的方式公开进行出让，而双方在《招标拍卖挂牌出让国有建设用地使用权规定》已经实施半年后仍以协议方式签订《国有土地使用权出让合同》，也违反了国土资源部和监察部《关于严格实行经营性土地使用权招标拍卖挂牌出让的通知》的相关规定。因此，该合同属无效合同。另外，南太公司在签订该合同过程中还存在着与前崂山区国土局局长于某某恶意串通、损害国家利益的嫌疑。

【重要法条链接】

1.《中华人民共和国物权法》

第四十七条　城市的土地，属于国家所有。法律规定属于国家所有的农村和城市郊区的土地，属于国家所有。

第一百三十五条　建设用地使用权人依法对国家所有的土地享有占有、使用和收益的权利，有权利用该土地建造建筑物、构筑物及其附属设施。

第一百三十七条　设立建设用地使用权，可以采取出让或者划拨等方式。

工业、商业、旅游、娱乐和商品住宅等经营性用地以及同一土地有两个以上意向用地者的，应当采取招标、拍卖等公开竞价的方式出让。

严格限制以划拨方式设立建设用地使用权。采取划拨方式的，应当遵守法律、行政法规关于土地用途的规定。

第一百三十八条　采取招标、拍卖、协议等出让方式设立建设用地使用权的，当事人应当采取书面形式订立建设用地使用权出让合同。

2.《中华人民共和国城镇国有土地使用权出让和转让暂行条例》

第二条　国家按照所有权与使用权分离的原则，实行城镇国有土地使用权出让、转让制度，但地下资源、埋藏物和市政公用设施除外。前款所称城镇国有土地是指市、县城、建制镇、工矿区范围内属于全民所有的土地（以下简称土地）。

第八条　土地使用权出让是指国家以土地所有者的身份将土地使用权在一定年限内让与土地使用者，并由土地使用者向国家支付土地使用权出让金的行为。

土地使用权出让应当签订出让合同。

第九条　土地使用权的出让，由市、县人民政府负责，有计划、有步骤地进行。

第十一条　土地使用权出让合同应当按照平等、自愿、有偿的原则，由市、县人民政府土地管理部门（以下简称出让方）与土地使用者签订。

第十三条　土地使用权出让可以采取下列方式：

（一）协议；

（二）招标；

（三）拍卖。

（四）依照前款规定方式出让土地使用权的具体程序和步骤，由省、自治区、直辖市人民政府规定。

第十六条　土地使用者在支付全部土地使用权出让金后，应当依照规定办理登记，领取土地使用证，取得土地使用权。

第四十三条　划拨土地使用权是指土地使用者通过各种方式依法无偿取得的土地使用权。前款土地使用者应当依照《中华人民共和国城镇土地使用税暂行条例》的规定缴纳土地使用税。

第四十四条　划拨土地使用权，除本条例第四十五条规定的情况外，不得转让、出租、抵押。

第四十五条　符合下列条件的，经市、县人民政府土地管理部门和房产管理部门批准，其划拨土地使用权和地上建筑物、其他附着物所有权可以转让、出租、抵押：

（一）土地使用者为公司、企业、其他经济组织和个人；

（二）领有国有土地使用证；

（三）具有地上建筑物、其他附着物合法的产权证明；

（四）依照本条例第二章的规定签订土地使用权出让合同，向当地市、县人民政府补交土地使用权出让金或者以转让、出租、抵押所获效益抵交土地使用权出让金。

3.《国务院关于出让国有土地使用权批准权限的通知》

一、政府对有偿出让国有土地使用权的批准权限，应与行政划拨国有土地使用权的批准权限相同，按照《中华人民共和国土地管理法》中关于国家建设用地批准权限的规定，出让国有土地使用权的批准权限为：耕地一千亩以上，其他土地二千亩以上的，由国务院批准；耕地三亩以下，其他土地十亩以下的，由县级人民政府批准；省辖市、自治州人民政府的批准权限，由省、自治区人民代表大会常务委员会决定。

二、出让使用权的国有土地的用地指标，要纳入国家下达的地方年度建设用地计划，未经批准，不得突破。

4.《城市国有土地使用权出让转让规划管理办法》

第二条 在城市规划区内城市国有土地使用权出让、转让必须符合城市规划，有利于城市经济社会的发展，并遵守本办法。

第三条 国务院城市规划行政主管部门负责全国城市国有土地使用权出让、转让规划管理的指导工作。

省、自治区、直辖市人民政府城市规划行政主管部门负责本省、自治区、直辖市行政区域内城市国有土地使用权出让、转让规划管理的指导工作。

直辖市、市和县人民政府城市规划行政主管部门负责城市规划区内城市国有土地使用权出让、转让的规划管理工作。

第六条 规划设计条件应当包括：地块面积，土地使用性质，容积率，建筑密度，建筑高度，停车泊位，主要出入口，绿地比例，须配置的公共设施、工程设施，建筑界线，开发期限以及其他要求。

附图应当包括：地块区位和现状，地块坐标、标高，道路红线坐标、标高，出入口位置，建筑界线以及地块周围地区环境与基础设施条件。

第七条 城市国有土地使用权出让、转让合同必须附具规划设计条件及附图。

规划设计条件及附图，出让方和受让方不得擅自变更。在出让、转让过程中确需变更的，必须经城市规划行政主管部门批准。

第九条 已取得土地出让合同的，受让方应当持出让合同依法向城市规划行政主管部门申请建设用地规划许可证。在取得建设用地规划许可证后，方可办理土地使用权属证明。

5.《招标拍卖挂牌出让国有土地使用权规定》

第二条 在中华人民共和国境内以招标、拍卖或者挂牌方式出让国有土地使用权的，适用本规定。

本规定所称招标出让国有土地使用权，是指市、县人民政府土地行政主管部门（以下简称出让人）发布招标公告，邀请特定或者不特定的公民、法人和其他组织参加国有土地使用权投标，根据投标结果确定土地使用者的行为。

本规定所称拍卖出让国有土地使用权，是指出让人发布拍卖公告，由竞买人在指定时间、地点进行公开竞价，根据出价结果确定土地使用者的行为。

本规定所称挂牌出让国有土地使用权，是指出让人发布挂牌公告，按公告规定的期限将拟出让宗地的交易条件在指定的土地交易场所挂牌公布，接受竞买人的报价申请并更新挂牌价格，根据挂牌期限截止时的出价结果确定土地使用者的行为。

第六条 市、县人民政府土地行政主管部门应当按照出让计划，会同城市规划等有关部门共同拟订拟招标拍卖挂牌出让地块的用途、年限、出让方式、时间和其他条件等方案，报经市、县人民政府批准后，由市、县人民政府土地行政主管部门组织实施。

第七条 出让人应当根据招标拍卖挂牌出让地块的情况，编制招标拍卖挂牌出让文件。

招标拍卖挂牌出让文件应当包括出让公告、投标或者竞买须知、土地使用条件、标书或者竞买申请书、报价单、中标通知书或者成交确认书、国有建设用地使用权出让合同文本。

第十条　市、县人民政府土地行政主管部门应当根据土地估价结果和政府产业政策综合确定标底或者底价。

标底或者底价不得低于国家规定的最低价标准。确定招标标底，拍卖和挂牌的起叫价、起始价、底价，投标、竞买保证金，应当实行集体决策。

招标标底和拍卖挂牌的底价，在招标开标前和拍卖挂牌出让活动结束之前应当保密。

第十三条　投标、开标依照下列程序进行：

（一）投标人在投标截止时间前将标书投入标箱。招标公告允许邮寄标书的，投标人可以邮寄，但出让人在投标截止时间前收到的方为有效；

标书投入标箱后，不可撤回。投标人应对标书和有关书面承诺承担责任。

（二）出让人按照招标公告规定的时间、地点开标，邀请所有投标人参加。由投标人或者其推选的代表检查标箱的密封情况，当众开启标箱，宣布投标人名称、投标价格和投标文件的主要内容。投标人少于三人的，出让人应当依照本规定重新招标。

（三）评标小组进行评标。评标小组由出让人代表、有关专家组成，成员人数为五人以上的单数。

评标小组可以要求投标人对投标文件作出必要的澄清或者说明，但是澄清或者说明不得超出投标文件的范围或者改变投标文件的实质性内容。

评标小组应当按照招标文件确定的评标标准和方法，对投标文件进行评审。

（四）招标人根据评标结果，确定中标人。

第十四条　对能够最大限度地满足招标文件中规定的各项综合评价标准，或者能够满足招标文件的实质性要求且价格最高的投标人，应当确定为中标人。

第十五条　拍卖会依照下列程序进行：

（一）主持人点算竞买人；

（二）主持人介绍拍卖宗地的位置、面积、用途、使用年期、规划要求和其他有关事项；

（三）主持人宣布起叫价和增价规则及增价幅度。没有底价的，应当明确提示；

（四）主持人报出起叫价；

（五）竞买人举牌应价或者报价；

（六）主持人确认该应价后继续竞价；

（七）主持人连续三次宣布同一应价而没有再应价的，主持人落槌表示拍卖成交；

（八）主持人宣布最高应价者为竞得人。

第十六条　竞买人不足三人，或者竞买人的最高应价未达到底价时，主持人应当终止拍卖。

第十七条　挂牌依照以下程序进行：

（一）在挂牌公告规定的挂牌起始日，出让人将挂牌宗地的位置、面积、用途、使用年期、规划要求、起始价、增价规则及增价幅度等，在挂牌公告规定的土地交易场所挂牌公布；

（二）符合条件的竞买人填写报价单报价；

（三）出让人确认该报价后，更新显示挂牌价格；

（四）出让人继续接受新的报价；

（五）出让人在挂牌公告规定的挂牌截止时间确定竞得人。

第十九条　挂牌截止应当由挂牌主持人主持确定。挂牌期限届满，挂牌主持人现场宣布最高报价及其报价者，并询问竞买人是否愿意继续竞价。有竞买人表示愿意继续竞价的，挂牌出让转入现场竞价，通过现场竞价确定竞得人。挂牌主持人连续三次报出最高挂牌价格，没有竞买人表示愿意继续竞价的，按照下列规定确定是否成交：

（一）在挂牌期限内只有一个竞买人报价，且报价不低于底价，并符合其他条件的，挂牌成交；

（二）在挂牌期限内有两个或者两个以上的竞买人报价的，出价最高者为竞得人；报价相同的，先提交报价单者为竞得人，但报价低于底价者除外；

（三）在挂牌期限内无应价者或者竞买人的报价均低于底价或者均不符合其他条件的，挂牌不成交。

6.《协议出让国有土地使用权的规定》

第二条　本规定所称协议出让国有土地使用权，是指国家以协议方式将国有土地使用权在一定年限内出让给土地使用者，由土地使用者向国家支付土地使用权出让金的行为。

第四条　以协议方式出让国有土地使用权的出让金不得低于按国家规定所确定的最低价。

第五条　协议出让最低价不得低于新增建设用地的土地有偿使用费、征地（拆迁）补偿费用以及按照国家规定应当缴纳的有关税费之和；有基准地价的地区，协议出让最低价不得低于出让地块所在级别基准地价的70%。

低于最低价时国有土地使用权不得出让。

第九条　在公布的地段上，同一地块只有一个意向用地者的，市、县人民政府国土资源行政主管部门方可按照本规定采取协议方式出让；但商业、旅游、娱乐和商品住宅等经营性用地除外。

第十条　对符合协议出让条件的，市、县人民政府国土资源行政主管部门会同城市规划等有关部门，依据国有土地使用权出让计划、城市规划和意向用地者申请的用地项目类型、规模等，制定协议出让土地方案。

协议出让土地方案应当包括拟出让地块的具体位置、界址、用途、面积、年限、土地使用条件、规划设计条件、供地时间等。

第十二条　协议出让土地方案和底价经有批准权的人民政府批准后，市、县人民政府国土资源行政主管部门应当与意向用地者就土地出让价格等进行充分协商，协商一致且议定的出让价格不低于出让底价的，方可达成协议。

第十六条　以协议出让方式取得国有土地使用权的土地使用者，需要将土地使用权出让合同约定的土地用途改变为商业、旅游、娱乐和商品住宅等经营性用途的，应当取得出让方和市、县人民政府城市规划部门的同意，签订土地使用权出让合同变更协议或者重新签订土地使用权出让合同，按变更后的土地用途，以变更时的土地市场价格补交相应的土地使用权出让金，并依法办理土地使用权变更登记手续。

◎思考题：

1. 国有建设用地使用权的流转为什么要以出让方式为主，划拨方式为辅？
2. 招标、拍卖、挂牌的异同点有哪些？
3. 划拨的限制性主要体现在哪些方面？

第四章　土地的征收与安置、补偿

【本章导读】

本章主要介绍了土地征收的特定含义、产生原因及历史。然后，对我国目前土地征收的事由、补偿标准、法律效果，以及国家大中型水利水电工程建设过程中的征地特殊规定等内容进行介绍。最后，对我国目前的土地征收法律制度中存在的一些突出问题进行归纳，以求引发读者对于完善我国土地征收法律制度的思考。

第一节　土地征收概述

【问题引入】

某村委会为了筹集资金修建村公路，拟将本村部分农民的土地承包权收回，并将土地平整后卖给某房地产开发企业修建小产权房。由于补偿标准很低，被收回了承包权的农民十分不满，村委会领导说："村里的地是村集体的，又不是你们个人的，想什么时候征收回来就什么时候征收回来。"

问题：本案中收回土地承包权的行为属于土地征收吗？

一、土地征收的概念和特征

土地征收作为一种基本的土地法律制度，普遍存在于各国的法律之中。美国法称为"最高土地权的行使"，英国法称为"强制收买"，日本法称为"土地收买"。综观各国法律，土地征收制度的内容基本是一致的，即国家或政府为了公共目的而强制将私有土地收为国有并给予补偿的法律制度。在我国，社会主义国家性质决定我国实行土地的社会主义公有制，即全民所有制和劳动群众集体所有制。《宪法》第 9 条、第 10 条和《土地管理法》第 2 条都明确规定我国土地所有制分为全民所有（或国家所有）和集体所有，即个人并没有土地所有权。因此在我国，土地征收是指国家为了社会公共利益的需要，依据法律规定的程序和批准权限，并依法给予农村集体经济组织及农民补偿后，将农民集体所有土地变为国有土地的行为。一般认为，土地征收具有以下几个特征：

（一）征收主体特定性

根据我国土地管理法律法规的规定，土地征收的主体具有特定性，即只能是依法享有土地征收权力的国家政府机关。用地单位自身并没有权力也不能直接征收土地。这是因为土地具有十分重要的社会意义，土地征收关系到国家、集体和个人的利益冲突和利益平衡，对社会影响深远。将土地征收的主体限定为特定的国家政府机关，既有利于国家协调因公共利益的用土需求与保障农民集体的合法利益的冲突，也有利于土地征收的顺利开展。而且，为了保证土地征收的科学性和严肃性，也并不是所有的国家机关都有权征收土地，而只能是一定级别的人民政府。根据我国《土地管理法》第46条的规定，国家征收土地，依照法定程序批准后，由县级以上地方人民政府予以公告并组织实施。

（二）征收的强制性

我国土地征收主体的国家性就决定了土地征用的强制性。在土地征收中，一方是国家政府机关，具体表现为县级以上人民政府；另一方则是农民集体，主要表现为农村集体经济组织、村民委员会或者村民小组。二者在土地征收中显然不是平等主体之间的法律关系，而是一种国家政府机关的强制性行为。其强制性还表现在，国家出于公共利益的目的对土地依法进行征收，被征收方无正当理由，不得拒绝或干扰国家正常的土地征收活动。当然，这种强制性并不意味着有关部门可以随心所欲，滥用职权征收土地。

（三）征收的补偿性

补偿即弥补、抵消损失。补偿性是国家政府部门在土地征收活动中，应当积极合理地弥补因征收土地对被征收人造成的损失。合理的补偿，有利于土地征收中的公平正义，从而保障土地征收活动的顺利进行，因此，它是土地管理法律法规中明确规定的重要内容。根据我国《土地管理法》第47条的规定，国家征收土地，应按照被征收土地的原用途给予补偿。同时，为了方便和规范土地征收补偿问题，该条第2~7项则分别具体地规定了不同的补偿标准和具体补偿制度。

（四）征收的公共目的性

在我国，土地征收必须建立在正当、合法的目的上。这就是土地征收的公共目的性，它要求土地征收必须是出于公共目的的考虑，而非出于其他私人目的。这是因为土地的重要性和土地资源的有限性。《土地管理法》第3条就规定："十分珍惜、合理利用土地和切实保护耕地是我国的基本国策。各级人民政府应当采取措施，全面规划，严格管理，保护、开发土地资源，制止非法占用土地的行为。"

（五）征收的权属变更性

权属变更性是指土地征收将使农民集体所有土地变为国有土地。通过土地的征收变更原来土地的权属性质，可谓土地征收的最终目的所在。在我国，土地具有公有制性质，同时我国实行土地用途管理制度。根据我国《土地管理法》第43条的规定，任何单位和个人进行建设，需要使用土地的，必须依法申请使用国有土地。这里的依法申请使用的国有土地包括国家所有的土地和国家征收的原属于农民集体所有的土地。而一般而言，国家所有的土地多集中在城市，并且大多已经被加以利用，因此，大量的建设用地在被投入使用之前，都需要通过土地征收程序将其由原来的农民集体所有变为国有土地，这样才能够成为建设用地。

二、土地征收与征用的区别

在我国，与"土地征收"相关的还有"土地征用"的概念，曾经在土地立法和学术界实践中长期没有区分，将二者混同使用，《土地管理法》第2条规定："国家为了公共利益的需要，可以依法对土地实行征收或者征用并给予补偿。”《土地管理法实施条例》规定，“国家依法征用的土地”属于国家所有。由此可见，我国土地被“征用”以后，土地的集体所有权转变为国家所有权，土地权属发生了改变，因此，我国立法上所说的“土地征用”是指“土地征收”。但严格意义上，二者是两个不同的概念。具体而言：

土地征收和土地征用这两个概念具有一定的联系。两者都属于通过运用国家强制力而对公民的土地权利进行限制的形式，都是为了公共利益需要，都要经过法定程序，都要依法给予补偿。

但这两个概念具有明显的区别，表现在：（1）二者的法律效果不同。土地征收是土地所有权的改变，土地征用则是土地使用权的改变。这是两者最主要、最本质的区别；（2）二者的补偿不同。在土地征用的情况下，如果标的物没有毁损灭失，就应当返还原物；而在土地征收的情况下，不存在返还的问题。由于土地征收是所有权的转移，对其作出的补偿也相对更高一些。（3）二者的使用条件不同。土地征用一般适用于临时性的紧急状态，也适用于临时性的公共用途。而即使不存在紧急状态，为了共同利益的需要也可以实施土地征收。（4）二者适用的法律不同。土地征收主要适用土地法和城市规划法。土地征用适用的多是调整紧急状态的法律。（5）二者适用的程序不同。由于土地征收要发生所有权的转移，所以土地征收的程序比土地征用更为严格。

三、土地征收制度产生的原因

我国现在施行的是二元土地所有制，根据相关法律规范的规定，我国实行的土地社会主义公有制包括两种形式，即全民所有制（亦称国有制）和集体所有制，如《宪法》第10条、《土地管理法》第2条和《物权法》第61条的规定。

根据物权法确立的物权平等保护原则，两种所有制应当处于平等的地位。但在一国主权领域内的土地资源有限的情况下，当国家为了公众利益的需要而必须利用集体所有的土地时（例如兴建大型水利设施、高速公路等），就会产生国家与集体所有者之间针对同一宗土地利用方式的矛盾。而在法律理论上，物之所有权人可以独立地、不受干涉地、排他性地使用自己的物，如果碍于保护部分私权利主体的土地所有权，而无法使土地得到更充分的开发利用，则国家的经济发展有可能会陷于停顿，所以必须设计一种法律制度来解决这种矛盾，即在符合一定的条件下，将土地的所有权性质予以转变，由集体所有制土地转变为国有土地。这种连接两种土地所有制之间的桥梁便是土地征收制度。

同时值得注意的是，由于集体所有土地被征收后，原集体成员将永久性地失去土地所有权，若滥用土地征收又会严重地破坏物权秩序，损害被征收人对法律制度的信仰，甚至给社会带来不安定的影响。因此，实施土地征收必须满足一定的合理性条件，包括征收的原因必须是为了满足公共利益；被征收人应该得到相应的经济补偿，以弥补被征收人为公众利益所作出的牺牲等。唯有如此，方能将国家经济发展与保护被征地者权益维持在平衡的水准上。

四、我国土地征收制度的发展历程

我国土地征收制度是在总结征用制度实施经验与教训的基础上创建的，而征用制度创设于新中国成立初期。1953 年 11 月，政务院发布了《关于国家建设征用土地办法》，其征用对象是个体农民所有的土地。1958 年 1 月，国务院发布《国家建设征用土地办法》，其征用的对象为农业生产合作社所有的土地。① 1982 年 5 月，经全国人大批准，国务院发布《国家建设征用土地条例》，其征用对象为社区农民集体所有的土地。1998 年全国人大常务委员会第四次会议修订的《土地管理法》规定国家征用的对象是农民集体所有的土地，并且规定了建设占用土地涉及农用土地转为建设用地的，应当办理农用地转用审批手续。国务院于 1998 年 12 月发布的《土地管理法实施条例》也作了相应的规定。国务院于 1999 年 12 月发布了《报国务院批准的建设用地审查办法》，同年 10 月发布了《划拨用地目录》、《征用土地公告办法》、《关于整顿和规范土地市场秩序的通知》、国土资源违法案件会审等“三项制度”。2003 年，国土资源部就招标拍卖、挂牌出让、协议出让国有土地使用权、规范建设用地审查报批、土地权属争议调查处理、国土资源标准化管理、土地开发整理规划、省级土地开发整理审批、国家投资土地开发整理项目实施、海洋功能区划审批、项目用海审批等，先后发布 13 项规定与办法。2004 年，国土资源部就土地开发管理权限、土地利用更新调查、非农建设违法占用基本农田、暂停新建高尔夫球场、城市建设用地审批、土地供应管理、土地开发整理、湿地保护、国土资源听证、深化改革严格土地管理，相继作出 10 多项规定；同年 10 月 28 日，温家宝总理在全国深化改革严格土地管理工作电视电话会议上发表了重要讲话。2005 年 5 月，国务院又批转了《国土资源部关于做好土地利用总体规划修编前期工作的意见》。所有这些，使我国土地征用、评估、预审、审查、公告、执法、监督以及土地利用、开发整理、标准化管理等制度逐步规范化、制度化。② 同年 8 月 28 日，第十届人大常委会第十一次会议通过修订的《土地管理法》，将土地征用制度修改为“国家为了公共利益的需要，可以依法对土地实行征收或者征用并给予补偿”，并将征用的审批权限、秩序、补偿、公告等修订为征收，从而建立起了土地征收、评估、预审、审查、公告、监督的制度体系及其运行机制。

第二节　土地征收的事由

【问题引入】

某大型国有钢铁企业拟引进一条国外先进的炼钢生产线，计划修建一片占地 100 亩的厂房，向当地政府提出用地申请。该政府认为符合公共利益的需要，决定征收某乡镇集体所有土地 100 亩。

问题：该案中政府征收土地的决定是否符合公共利益的需要？

在世界各国，土地都是人们赖以生存、发展的重要资源，土地不仅是人们居住、办公场所的基础，还是一种重要的生产资料。土地征收直接关系到被征收土地权利人的重大利益，从法律理论上来说，国家的土地所有权和集体所有的土地所有权并没有位阶上的高

① 王卫国著：《中国土地权利研究》，中国政法大学出版社 1997 年版，第 122 页。

② 徐汉明著：《中国农民土地持有产权制度研究》，社会科学文献出版社 2004 年版，第 213 页。

低，集体土地所有权同样受到法律的保护。国家征收集体所有的土地是对被征地的现存权属秩序的改变，会对原土地所有权人产生巨大的影响，因此人们都高度重视土地征收的正当性，土地征收必须依法进行，具备合理正当的事由。在我国，《宪法》第 10 条规定："国家为了公共利益的需要，可以依照法律规定对土地实行征收或者征用并给予补偿。"《土地管理法》第 2 条规定："国家为了公共利益的需要，可以依法对土地实行征收或者征用并给予补偿。"可见，为了公共利益的需要是实行土地征收的重要事由。

为公益性事业征收土地是土地征收的唯一事由，原则上国家征收土地必须是为了公益性事业。这也是我国宪法和土地管理法律法规明确规定的土地征收事由。当然，从我国关于土地征收的立法来看，不同的时期，立法的表述不尽相同，其内涵和外延也存在一定的差别。1986 年的《土地管理法》规定，"国家进行经济、文化、国防建设以及兴办社会公共事业"可以征收土地。但 1986 年《土地管理法》这一规定超出了"公共利益"的范畴。为了遏制我国耕地流失的情况，1998 年修订的《土地管理法》对土地征收的目的作了一定的修正。1998 年《土地管理法》只在总则保留了"公共利益的需要"的原则性规定，1986 年《土地管理法》中与土地征收目的有关的规定均被删除，这体现了立法者对征地目的进行更为严格限制的意图。2004 年修订的《土地管理法》基本延续了 1998 年《土地管理法》的规定，规定国家为了公共利益的需要，可以依法对土地实行征收。

何为土地征收中的"公共利益"？这一直是一个存在较大争议的问题。国务院于 2011 年年初颁布的《国有土地上房屋征收与补偿条例》第 8 条将其界定为：（1）国防和外交的需要；（2）由政府组织实施的能源、交通、水利等基础设施建设的需要；（3）由政府组织实施的科技、教育、文化、卫生、体育、环境和资源保护、防灾减灾、文物保护、社会福利、市政公用等公共事业的需要；（4）由政府组织实施的保障性安居工程建设的需要；（5）由政府依照城乡规划法有关规定组织实施的对危房集中、基础设施落后等地段进行旧城区改建的需要；（6）法律、行政法规规定的其他公共利益的需要。据此，从我国土地征收实际情况来看，"公共利益"主要包括以下几类：（1）军事用地；（2）国家政府机关及公益性事业研究单位用地；（3）能源、交通用地，如煤矿、道路、机场等；（4）公共设施用地，如水、电、气等管道、站场用地；（5）国家重点工程用地，如三峡工程、储备粮库等；（6）公益及福利事业用地，如学校、医院、敬老院等；（7）水利、环境保护用地，如水库、防护林等；（8）其他公认或法院裁定的公共利益用地。

以上法规虽然是针对国有土地上房屋征收的理由，但因为与土地征收法律制度对被征收人法益保护的原则具有共通性，所有仍然可以作为界定土地征收公益性的参考标准。

第三节 现行土地征收的基本程序和补偿标准

一、土地征收的基本程序

所谓土地征收程序就是在征收法律关系各方权利义务主体的参与下，按照一定的规则开展土地征收的方式和流程。土地征收程序不仅具有一般法律程序的特征，还因土地征收具有行政行为性而具备自身的一些特点。一般的法律程序具有促进疏通、加强理性思考、扩大选择范围、排除不当干扰的作用。土地征收程序的功能不限于此，更具有独特的价值功能，即充分尊重和保护被征收人的合法权益，防止征收权的滥用；严格的土地征收程序，有利于保护我国有限的土地资源；通过土地征收程序保护公共利益认定结果的正当性、正确性。①

我国现有的土地征收程序主要包括：

（一）市、县政府拟订征收方案

市、县政府根据公共利益的需要，拟订征收土地方案，主要内容包括征收土地的范围、地类、面积、权属、土地补偿费和安置补助费标准，需安置人员的安置途径等。

（二）征地申请、审批

由市、县政府持征收土地方案等有关文件，逐级向有批准权的人民政府，即国务院及省级人民政府提出征地申请。由有批准权的政府批准征地申请。《土地管理法》第 45 条规定，征收基本农田、基本农田以外的耕地超过 35 公顷的、其他土地超过 70 公顷的，由国务院批准；征收这些规定以外土地的，由省、自治区、直辖市人民政府批准，并报国务院备案。征收农用土地的，应当依照《土地管理法》第 44 条的规定先行办理农用地转用审批手续。其中，经国务院批准农用地转用的，同时办理征地审批手续，不再另行办理征地审批；经省、自治区、直辖市人民政府在征地审批权限内批准农用地转用的，同时办理征地审批手续，不再另行办理征地审批，超过征地批准权限的，应当依照《土地管理法》第 45 条第 1 款的规定办理征地审批。

（三）发布征地公告

《土地管理法》第 46 条规定：“国家征收土地的，依照法定程序批准后，由县级以上地方人民政府予以公告并组织实施。被征收土地的所有权人、使用权人应当在公告规定期限内，持土地权属证书到当地人民政府土地行政主管部门办理征地补偿登记。”对于被征收土地所有权人、使用权人而言，认定征地行为的发生应从发布征地公告开始。因为自此时起即对土地的所有权人、使用权人的生产经营直接发生了影响。

（四）协商确定征地补偿、安置方案

《土地管理法》第 47 条规定：“征收土地的，按照被征收土地的原用途给予补偿。征收耕地的补偿费用包括土地补偿费、安置补助费以及地上附着物和青苗的补偿费。……”第 48 条规定：“征地补偿安置方案确定后，有关地方人民政府应当公告，并听取被征地的农村集体经济组织和农民的意见。”

（五）征收主体支付补偿安置费用、被征收单位交付土地

原则上征收土地的各项费用应当自征地补偿、安置方案批准之日起 3 个月内由征地主体全额支付。征收土地补偿和人员安置方案实施后，县、市人民政府土地行政主管部门组织有关单位对被征收的土地进行清理，并组织实施收取土地。

综上所述，土地征收需要经历严格的法律程序，为一个持续性的行为，有时持续相当

① 罗建磊、包欢欢：《论我国土地征收程序的完善》，载中国农地法律网：http://www.rurallandlaw.cn/Html/faxueyanjiu/595305507591.htm，2013 年 12 月 22 日访问。

长的时间。认定征地的发生，一般从发布征地公告开始，而非签订征地协议、支付征地补偿款之时，否则，土地所有人、使用权人的合法权益便不能得到有效保护。

二、土地征收补偿的标准

财产征收、征用补偿是国家强制限制或者剥夺集体、私人财产权利的对价。对被征收、征用财产的权利人进行补偿是各国宪法和民法规定的通例。对于征收，最重要的法律限制方式便是必须给予被征收人公正的补偿。西方国家宪法所普遍确立的是“公平”或“正当”的补偿原则，因为确立这些原则所依照的精神都在于弥补当事人的特别牺牲，以实现公平。当国家可以任意、武断地剥夺私人财产而可以不予补偿时，“公民的合法私有财产受法律保护”便是一句毫无意义的虚幻口号。为此，必须把公平补偿设定为国家进行征收时所必须承担的一项不可推卸的法定责任。同时，补偿必须是公平、正当的，过低的征收成本不足以抑制政府滥用征收权的冲动。

我国《宪法》第13条第3款只是规定，国家为了公共利益的需要，可以依照法律规定对公民的私有财产实行征收或者征用并给予补偿，但对补偿标准未作出明确规定。我国《物权法》也没有对财产征收征用补偿标准是以市场价值的完全补偿还是适当补偿作出明确性规定，但该法第42条规定了财产征收应当予以补偿的具体项目和足额补偿；征收集体所有的土地，应当依法足额支付土地补偿费、安置补助费、地上附着物和青苗的补偿费等费用，安排被征地农民的社会保障费用，保障被征地农民的生活，维护被征地农民的合法权益。另外，《物权法》第121条还明确规定：“因不动产或者动产被征收、征用致使用益物权消灭或者影响用益物权行使的，用益物权人有权依照本法第42条，第44条的规定获得相应补偿。”

《土地管理法》第47条规定：“征收土地的，按照被征收土地的原用途给予补偿。征收耕地的补偿费用包括土地补偿费、安置补助费以及地上附着物和青苗的补偿费。征收耕地的土地补偿费，为该耕地被征收前三年平均年产值的六至十倍。征收耕地的安置补助费，按照需要安置的农业人口数计算。需要安置的农业人口数，按照被征收的耕地数量除以征地前被征收单位平均每人占有耕地的数量计算。每一个需要安置的农业人口的安置补助费标准，为该耕地被征收前三年平均年产值的四至六倍。但是，每公顷被征收耕地的安置补助费，最高不得超过被征收前三年平均年产值的十五倍。征收其他土地的土地补偿费和安置补助费标准，由省、自治区、直辖市参照征收耕地的土地补偿费和安置补助费的标准规定。

被征收土地上的附着物和青苗的补偿标准，由省、自治区、直辖市规定。

征收城市郊区的菜地，用地单位应当按照国家有关规定缴纳新菜地开发建设基金。

依照本条第2款的规定支付土地补偿费和安置补助费，尚不能使需要安置的农民保持原有生活水平的，经省、自治区、直辖市人民政府批准，可以增加安置补助费。但是，土地补偿费和安置补助费的总和不得超过土地被征收前三年平均年产值的三十倍。

国务院根据社会、经济发展水平，在特殊情况下，可以提高征收耕地的土地补偿费和安置补助费的标准。”

第四节　土地征收后的法律效果

土地征收后的法律效果，是土地征收行为对征收主体和被征收主体产生的法律影响而呈现出的终局性的结果，是征收主体与被征收主体之间的权利义务法律关系。从土地征收双方主体来看，一方面表现为征收主体依法获得被征收土地的所有权；另一方面则表现为被征收主体依法得到合理公正的安置和补偿。在我国法律中，权利与义务相伴而生，呈现出一一对应的关系，这在土地征收活动中也不例外。国家政府机关作为土地征收主体通过土地征收活动依法取得了土地所有权利，但同时应承担相应的对被征地农民的安置与补偿的义务。

一、土地权属的变更

如前所述土地征收的特征，土地的征收即意味着土地所有权的变更。在一定意义上，土地征收就是土地所有权的收买，只不过这种收买只能由国家政府机关进行。因此，土地征收中的权属变更只能表现为将农民集体所有的土地收归国家所有，土地所有权由集体所有制变成国家所有制。

二、安置与补偿

土地征收安置与补偿是土地征收制度中的一项重要内容，之所以至关重要是因为这涉及国家利益、集体利益和个人利益的平衡协调问题，是一项难度较大的重要问题。根据土地管理法律法规的规定，征地部门在拟订土地征收方案时就应事先会同有关部门对被征收土地的面积、地类、补偿标准和权属状况等进行核实，经征询被征地单位和土地承包经营者的意见后，拟订征地方案。征地方案被批准以后，市、县人民政府发布征地公告。国土资源部《土地征用公告办法》第 3 条规定：“征用农民集体所有土地的，征用土地方案和征地补偿、安置方案应当在被征用土地所在地的村、组内以书面形式公告。”公告应载明征地补偿标准和农业人员安置途径；办理征地补偿登记的期限、地点。关于具体内容，《物权法》第 42 条第 2 款则明确规定：“征收集体所有的土地，应当依法足额支付土地补偿费、安置补助费、地上附着物和青苗的补偿等费用，安排被征地农民的社会保障费用，保障被征地农民的生活，维护被征地农民的合法权益。”

第五节　国家大中型水利水电工程建设过程中的征地问题

国家大中型水利水电工程建设项目大多具有规模大、投资多和技术密集的特点。大中型水利水电工程极大地推动了我国水利水电的建设，更好地利用水力，发挥水电的作用，能极大地促进社会经济的发展，因此具有较大的社会公益性。但大中型水利水电工程建设因其较大的规模，往往涉及较大区域范围的土地征收和移民安置等工作。应该说，这是土地征收中典型的“为了公益性事业” 的土地征收。

一、大中型水利水电工程中征地采用的基本原则

大中型水利水电工程中征地涉及的范围较广，征地实际情况复杂，需要解决的土地征收、安置与补偿问题突出，因此应严格遵循一定的基本原则。在大中型水利水电工程的征地中，只有严格按照这些基本原则才能保障土地征收工作的顺利进行。为此，2006 年国务院出台的《大中型水利水电工程建设征地补偿和移民安置条例》第 4 条明确将我国大中型水利水电工程中征地中应遵循基本原则概括为以下四点：

（一）保障移民合法权益原则

保障移民合法权益原则，即“以人为本，保障移民的合法权益，满足移民生存与发展的需求”。众所周知，土地一直以来是人们安身立命的根本，具有十分重大的意义。我国是一个以农业为主的国家，国家大中型水利水电工程大多处于广大农村地区，因兴修这些水利水电工程无疑涉及数量庞大的移民。在这个过程中，保障移民的合法权益是一个极其重要的原则。

保障移民合法权益原则与土地管理法律法规中明确规定的土地征收补偿性是相对应的。在土地征收过程中，被征地人因为土地的被征收而使其合法权益受到侵害，就应当获得相对的补偿。而在大中型水利水电建设中，由于工程建设、水电蓄水等原因，被征地人原来生活的土地就不再适合居住生活，而成为移民。对此，政府机关就应当采取种种有效措施保障移民的合法权益。根据我国的土地管理法律法规的规定，保障移民合法权益应做到征地补偿应使被征地农民的生活水平不降低为原则。《土地管理法》第 47 条第 6 款规定，依照本条第 2 款的规定支付土地补偿费和安置补助费，尚不能使需要安置的农民保持原有生活水平的，经省、自治区、直辖市人民政府批准，可以增加安置补助费。

此外，保障移民合法权益还意味着对行政机关土地征收权力的限制和监督。土地征收是行政机关运用公权力对土地所有权的强制剥夺，在征收过程中，行政机关既是决定者又是执行者，很容易从自身利益出发，滥用行政权力，任意征收土地，损害他人和社会利益。为防止行政机关滥用土地征收权，构成对他人利益的不适当干预和损害，应当对土地征收施加严格的程序制约。

（二）服从国家整体安排并兼顾各方利益原则

如前所述，国家大中型水利水电项目的建设对于国家社会经济发展具有十分重要的意义，是富国强民的重大举措。在社会发展中，水利水电发挥着重大的推动作用。水利、发电、防洪、富民，水电建设具有巨大的综合效益；并且，作为清洁、可再生能源，水电能够为经济社会发展提供优质的电力。在我国，水利水电建设开发地域多处于偏远地区，水利水电建设极大地促进了这些地区的社会经济发展。水电建设使很多地方发生了巨变，水电建设以防洪、交通、旅游、养殖、移民致富等综合效益显示了其重要性和必要性。一言以蔽之，水利水电建设，造福人类，惠泽子孙；功在当代，利在千秋。水利水电建设正是基于这些整体的国家利益考虑而备受推崇。

但应当注意的是水利水电建设也存在着一些负效应，在发挥积极作用的同时也会导致一些权益侵害的情况。水利水电需要占用大量的建设用地，势必需要迁移大量的人员；水利水电建设在江河湖海、河流干支上筑坝拦水，也会对相应的上流和下流地区产生重大的

影响。水同样是人们赖以生存的重要资源，因为干旱缺水而导致生产力低下、生活用水和生产用水缺乏而使城市荒废的例子不胜枚举。因此，水利水电建设涉及方方面面的利益协调与平衡。对此，解决这些冲突与矛盾应遵循服从国家整体安排并兼顾各方利益的原则。国家整体利益往往具有整体性、长期性和根本性，因此原则上应服从国家整体利益；但同时国家整体利益也不能完全代替其他各方利益，而应对这些非整体性利益予以应有的照顾。一方面，在社会主义制度之下，个人利益要服从集体利益，局部利益要服从整体利益，暂时利益要服从长远利益；另一方面，绝不是说可以不注意个人利益，不注意局部利益，不注意暂时利益，而是因为在社会主义制度之下，归根结底，个人利益和集体利益是统一的，局部利益和整体利益是统一的，暂时利益和长远利益是统一的。

（三）合理控制征地面积原则

这一原则是指大中型水利水电建设在土地征收过程中应当审慎征收土地，合理控制征地面积，做到能不征的，尽量不征；确实要征收的，应严格确定征地条件，控制征地规模、面积。《土地管理法》第3条明确规定："十分珍惜、合理利用土地和切实保护耕地是我国的基本国策。各级人民政府应当采取措施，全面规划，严格管理，保护、开发土地资源，制止非法占用土地的行为。"可见，我国土地制度的基本国策即要求各级政府在征地中应严格管理，合理控制征地面积。为加强我国土地保护与耕地保护，1997年中共中央、国务院专门出台了《关于进一步加强土地管理切实保护耕地的通知》，该通知指出：土地是十分宝贵的资源和资产。我国耕地人均数量少，总体质量水平低，后备资源也不富裕。保护耕地就是保护我们的生命线。根据该通知的精神，土地管理特别是耕地保护是事关全国大局和中华民族子孙后代的大问题。在此意义上，国家大中型水利水电建设也应当严格遵循我国土地管理的基本国策，节约利用土地，合理规划工程占地，控制移民规模。

（四）可持续发展与生态保护相结合原则

国家大中型水利水电工程是国家的重大项目，规模大、影响大，虽然对社会经济发展具有较大的积极意义，但是，大中型水利水电工程作为一项庞大的人工工程，不可避免地会给原来的生态环境造成一定的破坏。这就要求国家大中型水利水电工程建设应当坚持可持续发展与生态保护相结合原则。这一原则要求可持续发展，与资源综合开发利用、生态环境保护相协调。具体而言：

首先是可持续发展原则。可持续发展是一种长远发展的经济增长模式，基本含义是指既满足当代人的需求，又不损害后代人满足其需求的能力。可持续发展要求注意长远利益，不能为眼前利益所蒙蔽。其次，可持续发展与生态保护相结合。现代社会，生态环境问题日益受到人们的关注，越来越多的人意识到生态环境对于人类社会、经济发展的重要性。生态也是人类生活其中的具体环境，保护好生态环境也是人类自身发展的需要，在此意义上，保护生态是人类可持续发展的要求。可持续发展与生态保护相结合，意味着可持续发展是不能超越环境、系统更新能力的发展。

二、移民安置规划

在国家大中型水利水电项目建设中，移民安置是涉及项目建设顺利进行、保障被征地者合法权益的重要措施，因此是一项极其重要的内容。根据2006年3月国务院颁布的《大中型水利水电工程建设征地补偿和移民安置条例》(以下简称《安置条例》)的规定，移民安置工作实行政府领导、分级负责、县为基础、项目法人参与的管理体制。其中，国务院水利水电工程移民行政管理机构（以下简称国务院移民管理机构）负责全国大中型水利水电工程移民安置工作的管理和监督。县级以上地方人民政府负责本行政区域内大中型水利水电工程移民安置工作的组织和领导；省、自治区、直辖市人民政府规定的移民管理机构，负责本行政区域内大中型水利水电工程移民安置工作的管理和监督。

（一）移民安置规划的编制主体及审批主体

移民安置规划的严肃性和科学性，要求其编制应当由适当的主体进行编制并经过相应的审批程序。而且，大中型水利水电工程建设在编制移民安置规划前，必须编制移民安置规划大纲并经过审批，再依据移民规划大纲编制具体的移民安置规划。因此下面分别从移民安置规划大纲和移民安置规划两个方面来进行阐述。

移民安置规划大纲的编制主体为：(1) 已经成立项目法人的大中型水利水电工程，由项目法人编制移民安置规划大纲；(2) 没有成立项目法人的大中型水利水电工程，项目主管部门应当会同移民区和移民安置区县级以上地方人民政府编制移民安置规划大纲，即由三方共同编制移民安置规划。这里的移民区，一般泛指水利水电工程建设征地与移民安置涉及的区域，包括水库淹没区、淹没影响区、工程建设区（坝区）等。移民安置区，一般指政府组织的、相对集中安置水利水电工程建设移民涉及的区域。在编制移民安置规划大纲过程中，编制主体应当广泛听取移民和移民安置区居民的意见；必要时，应采取听证的形式。

移民安置规划大纲编制完成后，应依法报送审批主体进行审批。这是一种行政许可制度。根据《安置条例》的规定，移民安置规划大纲的审批主体为：省、自治区、直辖市人民政府或者国务院移民管理机构。无论已经成立项目法人的，还是没有成立项目法人的，编制主体都应当依法报送省、自治区、直辖市人民政府或者国务院移民管理机构进行审批。一般情况下，移民安置规划大纲审批权限根据大中型水利水电工程项目的可行性研究报告或者项目申请报告的审批（核准）权限确定。由国务院的项目审批（核准）部门审批（核准）的大中型水利水电工程，移民安置规划大纲由国务院移民管理机构批准；由省、自治区、直辖市人民政府的项目审批（核准）部门审批（核准）的大中型水利水电工程，移民安置规划大纲由省、自治区、直辖市人民政府批准。而且，由项目法人编制移民安置规划大纲，在移民安置规划大纲批准前，审批机关在审批时应当广泛征求移民区和移民安置区县级以上地方人民政府的意见。

在移民安置规划大纲获得审批部门批准之后，原移民安置规划大纲编制主体就应当根据移民安置规划大纲的内容，编制具体的移民安置规划。即移民安置规划的编制主体与移民安置规划大纲的编制主体相同，已经成立项目法人的，由项目法人编制移民安置规划；没有成立项目法人的，项目主管部门应当会同移民区和移民安置区县级以上地方人民政府编制移民安置规划。根据规定，大中型水利水电工程的移民安置规划，按照审批权限经省、自治区、直辖市人民政府移民管理机构或者国务院移民管理机构审核后，由项目法人或者项目主管部门报项目审批或者核准部门，与可行性研究报告或者项目申请报告一并审批或者核准。省、自治区、直辖市人民政府移民管理机构或者国务院移民管理机构审核移民安置规划，应当征求本级人民政府有关部门以及移民区和移民安置区县级以上地方人民政府的意见。

（二）移民安置规划编制的依据

移民安置规划由编制部门根据移民安置规划大纲编制。根据《安置条例》的规定，经批准的移民安置规划大纲是编制移民安置规划的基本依据，应当严格执行，不得随意调整或者修改；确需调整或者修改的，应当报原批准机关批准。由此首先应当明确移民安置规划大纲编制的依据。那么移民安置规划大纲的编制依据有哪些呢？根据《安置条例》第 7 条的规定，移民安置规划大纲的依据如下：

1. 工程占地和淹没区实物调查结果

根据相关规定，工程占地和淹没区实物调查，由项目主管部门或者项目法人会同工程占地和淹没区所在地的地方人民政府实施；实物调查应当全面准确，调查结果经调查者和被调查者签字认可并公示后，由有关地方人民政府签署意见。实物调查工作开始前，工程占地和淹没区所在地的省级人民政府应当发布通告，禁止在工程占地和淹没区新增建设项目和迁入人口，并对实物调查工作作出安排。

2. 移民区、移民安置区经济社会情况和资源环境承载能力编制

这是编制移民安置规划大纲的重要依据。全面了解移民区经济社会情况，搞清移民搬迁安置前的生活水平，为实现移民安置工作目标确定参照系；全面了解移民安置区经济社会情况，可以比较准确地预测移民安置后生产生活恢复和发展趋势，更加科学合理地制定移民安置方案。

（三）移民安置规划包含的主要内容

移民安置规划是根据移民安置规划大纲而编制，因此首先应当明确移民安置规划大纲包含的主要内容。根据《安置条例》的规定，移民安置规划大纲应当主要包括以下内容：

一是要明确规划水平年需要完成的移民安置人口。主要包括村内安置、乡内安置、县内安置、省内跨县安置和跨省安置的移民人口。二是要明确移民人口拟搬迁安置的去向。主要包括村内安置、乡内安置、县内安置、省内跨县安置和跨省安置的移民人口。三是要明确移民安置的生产生活资料配置标准和达到的收入水平指标，主要包括人均占有耕地等生产资料、人均宅基地和人均村庄占地面积、移民安置点基础设施和公共设施的建设标准、规划年收入水平等。四是要明确农村移民生产安置人口拟采取的生产安置方式及其人口数量，主要包括农业安置人口和非农业安置人口。五是要对移民搬迁前后的生活水平进行评价和预测，并要明确提出评价和预测结果。主要包括居住条件、生产条件、基础设施、公共服务和收入水平等。六是根据《国务院关于完善大中型水库移民后期扶持政策的意见》(2006 年国务院 17 号文件)，提出后期扶持政策的实施方案。七是明确提出淹没线以上受影响范围的划定原则。主要针对水库淹没线以上受影响的类型，按照安全、经济和便于生产、生活的原则，确定受影响范围的认定程序或界定标准。如浸没区应根据水文地质勘测成果和不同经济对象允许的地下水埋藏深度，综合调查研究合理确定；塌岸、滑坡区应在查明工程地质及水文地质条件，考虑水库水位涨落的基础上，预测初期（5~10 年）和最终可能达到的坍滑范围，综合分析确定。八是明确移民安置规划编制的原则。

编制移民安置规划应当以资源环境承载能力为基础，遵循本地安置与异地安置、集中安置与分散安置、政府安置与移民自找门路安置相结合的原则。编制移民安置规划应当尊重少数民族的生产、生活方式和风俗习惯。移民安置规划应当与国民经济和社会发展规划以及土地利用总体规划、城市总体规划、村庄和集镇规划相衔接。移民安置规划则是移民安置规划大纲的具体化，应对上述内容作出相对具体明确的规定。

三、被征地移民补偿方式

（一）补偿对象

大中型水利水电工程的补偿对象是因工程建设被依法征收土地，需要迁移到他处的移民。

（二）补偿标准

根据《安置条例》第22条的规定，大中型水利水电工程建设征收耕地的，土地补偿费和安置补助费之和为该耕地被征收前三年平均年产值的16倍。土地补偿费和安置补助费不能使需要安置的移民保持原有生活水平、需要提高标准的，由项目法人或者项目主管部门报项目审批或者核准部门批准。征收其他土地的土地补偿费和安置补助费标准，按照工程所在省、自治区、直辖市规定的标准执行。被征收土地上的零星树木、青苗等补偿标准，按照工程所在省、自治区、直辖市规定的标准执行。被征收土地上的附着建筑物按照其原规模、原标准或者恢复原功能的原则补偿；对补偿费用不足以修建基本用房的贫困移民，应当给予适当补助。使用其他单位或者个人依法使用的国有耕地，参照征收耕地的补偿标准给予补偿；使用未确定给单位或者个人使用的国有未利用地，不予补偿。移民远迁后，在水库周边淹没线以上属于移民个人所有的零星树木、房屋等应当分别依照本条第3款、第4款规定的标准给予补偿。同时，工矿企业和交通、电力、电信、广播电视等专项设施以及中小学的迁建或者复建，应当按照其原规模、原标准或者恢复原功能的原则补偿。大中型水利水电工程建设占用耕地的，应当执行占补平衡的规定。为安置移民开垦的耕地、因大中型水利水电工程建设而进行土地整理新增的耕地、工程施工新造的耕地可以抵扣或者折抵建设占用耕地的数量。大中型水利水电工程建设占用25度以上坡耕地的，不计入需要补充耕地的范围。

第六节　当下土地征收中存在的主要问题

正如管子所言："地者，万物之本原，诸生之根菀也。"农民问题的核心是土地问题，土地对中国农民生存的保障意义无须赘言。伴随着我国城市化进程的加快，城市居住、工业、商业用地的需求也在不断加大，城市规模的迅速膨胀必然带来对周边农业用地的大量消耗。如何既保证城市建设用地的需要，同时保护好失地农民利益的问题成为土地征收制度的焦点问题。

伴随着依法治国方略的提出和社会主义法治建设进程的加快，中国有关农村土地的立法也不断完善。改革开放以来，我国针对农村土地的立法力度不断加大，形成了很多规范性法律文件，为农村土地制度的依法运行提供了依据和保障。尤其是2007年3月《物权法》的颁布，又一次引起了人们对农村土地法制问题的关注。但是，由于诸多因素的制约，我国现行的农村土地法律规范体系还存在很多缺陷。由于各自的立法理念和立法技术的差异，规范性法律文件相互之间还有很多冲突和矛盾的地方，导致实践中农民在土地上的合法权益没有得到有效、完善的保护。因此，重构和完善我国现行的农村土地法律规范性体系，对于从根本上解决农村土地问题，切实维护农民的权益，是不可或缺的。目前，我国土地征收制度中存在的主要问题主要有：

一、土地征收的性质未明确区分，范围泛化

《宪法》第 10 条第 3 款明确规定："国家为了公共利益的需要，可以依照法律规定对土地实行征收或者征用并给予补偿。"这就为国家征收和征用土地限定了前提条件，即"为了公共利益的需要"。但现实中，有些地方政府打着"公共利益"的幌子以较低的价格征收农村的集体土地，再以高价出让给开发商进行商业建设。这在实践中产生重重矛盾，严重损害了农民利益，危及社会稳定。

二、地方政府规避国家法律，变相征收土地

《土地管理法》第 43 条规定："任何单位和个人进行建设，需要使用土地的，必须依法申请使用国有土地，但是，兴办乡镇企业和村民建设住宅经依法批准使用本集体经济组织农民集体所有的土地的，或者乡（镇）村公共设施和公益事业建设经依法批准使用农民集体所有的土地的除外。"根据该条规定，乡（镇）建设公共设施要经过依法批准，对集体土地进行征收。但有些地方的乡（镇）政府在建设公共设施时为了规避国家法律规定的严格征地审批程序，实行"以租代征"的办法，逃避了国家法律中的乡镇公益建设用地审批程序和农用地转用审批程序。

三、被征地农民缺乏应有的异议权、决定权以及司法救济权

有些地方政府为了保障项目开发的进度，在土地征收中存在违法审批、违法发放征地补偿款的问题。在征收集体土地的过程中，有些部门的工作人员法治意识淡薄，不遵循法定程序，不认真了解农民意愿，不尊重农民的知情权，不听取被征地单位与农民的异议，单方面决定土地的征收以及补偿标准的现象并不鲜见。这直接损害了农民的利益，也间接损害了政府的形象，并增添了社会的不和谐、不安定因素。

四、土地征收补偿不足以对失地农民提供基本的生活保障

《土地管理法》第 47 条第 2 款规定："征收耕地的土地补偿费，为该耕地被征收前三年平均年产值的六至十倍……每一个需要安置的农业人口的安置补助费标准，为该耕地被征收前三年平均年产值的四至六倍。"然而，很多地方政府都是按照该幅度的下限进行补偿，加上分配机制的不健全，被征收农民能够分得的征地补偿款就更少。这导致很多时候征地补偿都不能充分补偿农民的损失，有限的征地补偿费用根本不足以保障失地农民的基本生活，失地后绝大部分生活支出要依靠外出打工来维持生活。

五、土地征收的补偿安置费分配不规范，纠纷的司法解决乏力

征地补偿安置房的分配也是土地征收中关涉农民切身利益的事情。对这一问题，《土地管理法》没有作出具体规定，《土地管理法实施条例》第26条只对土地补偿费、安置补助费、地上附着物及青苗补偿费得所有权归属作出了原则规定，但对于分配标准和程序没有具体规定，从而导致现实中各地的具体操作比较混乱。这导致了诸如已出嫁但户口仍在本村的妇女没有分得补偿、补偿分配纠纷中诉讼主体难以确定、村小组根本无法充当当事人等问题。①

【典型案例】

案例一②：

原告：深圳市龙岗区大鹏镇岭澳村民委员会（以下简称“岭澳村委”）。

被告：深圳市规划国土局龙岗国土分局（以下简称“龙岗国土分局”）。

被告：深圳市龙岗区大鹏镇人民政府（以下简称“大鹏镇政府”）。

被告：中国广东核电集团有限公司（以下简称“核电集团”）。

1995年10月16日，深圳市市长办公室会议就广东第二核电站建设的征地问题以纪要形式作出决议，同意核电集团一次性征用二核建设用地约7平方公里，征地费包括拆迁补偿和土地出让金按每亩3万元计，全部付给龙岗大鹏镇，征地费按龙岗大工业区的标准返还给村民，土地出让金由大鹏镇用于镇的经济发展和公路建设。

1996年2月25日，深圳市龙岗区人民政府、深圳市规划国土局、核电集团和大鹏镇政府达成《广东岭澳核电站征地工作的原则协议》，约定：征地费按3万元/亩包干计算（包括拆迁赔偿费和土地出让金），征地费依市长工作会议精神按龙岗大工业区的标准返还给农民，土地出让金由大鹏镇用于镇的经济发展和公路建设等。

1997年12月10日，龙岗国土分局（协议中称甲方）、大鹏镇政府（协议中称乙方）与岭澳村委各村民小组（协议中称丙方）签订了9份《岭澳核电站征地协议书》，约定：征地补偿费按每亩2万元，含征地管理费，由丙方包干；本期征地面积6 344.04亩，共计12 688.08万元，征地管理费按每亩2万元的3%计为380.642 4元。付款方式：甲方收款3天内扣除征地管理费后将全部款项付给乙方，乙方收款5天内将款项付给丙方等内容。

1998年3月11日，龙岗区人民政府办公室印发《岭澳核电站征地问题协调会议记录》会议议定，岭澳核电站的征地除原来征用部分外，拟再征用1 500亩左右，增加的这部分征地按照实际丈量的面积，作价为每亩1万元包干（包括征地费、土地出让金，不再给其他补偿）。

1998年8月25日，龙岗国土分局（甲方）、大鹏镇政府（乙方）和岭澳村委

① 陈小君等著：《农村土地法律制度的现实考察与研究》，法律出版社2010年版，第244~246页。

② 案例摘自刘子平、梁朔梅编著：《农村土地纠纷新型典型案例与专题指导》，中国法制出版社2009年版，第195~197页。

（丙方）三方又签订了二期《岭澳核电站征地协议书》二份，协议均约定：征地补偿费按每亩1万元由乙方包干，征地补偿费包括土地补偿费、青苗林木果树补偿、附着物拆迁补偿、安置费、农业税、土补农业税等费用，本期征地共计1 968.9亩，计款1 968.9万元；甲方按有关规定收取征地管理费，按本协议总额1 968.9万元的3%收取，合计590 670元；甲方收款3天内，将全部款项付给乙方等内容

根据一期《岭澳核电站征地协议书》的约定，共征地6 344.04亩，每亩2万元，征地补偿款共为12 688.08万元，该款由岭澳村委包干。据此，大鹏镇政府代扣了征地管理费380.664万元给龙岗国土分局；代收、征收森林植被恢复费53.758 77万元、林木补偿费430万元；代向农电公司补偿150万元；扣缴耕地占用税和土地补偿农业税205.7万元，收取岭澳村回迁王母小区岭澳花园土地开发费735.8万元，上述诸项大鹏镇政府共扣款1 956.11万元。大鹏镇政府在一期征地协议中共支付给岭澳村委10 732.68万元。

根据二期《岭澳核电站征地协议书》的约定，共征地1 968.99亩，每亩1万元，征地款共1 968.9万元，由大鹏镇政府包干。因该地是无作物的荒山，大鹏镇政府依照深龙府办复（1996）7号文规定的标准，每亩给予岭澳村4 000元的补偿，合计787.56万元。另据岭澳村自行计算出来的青苗林木补偿费、附着物拆迁补偿费给岭澳村委，两项共1 085.74万元。其余部分由大鹏镇政府留用。

另查明，核电集团于1995年4月至1998年10月间已将全部土地出让金及开发费交付给龙岗国土分局。龙岗国土分局也于1996年12月至1997年9月期间将一期征地补偿款13 600万元全部支付给了大鹏镇政府。

原告岭澳村委起诉称：岭澳村委与龙岗国土分局、大鹏镇政府分别于1997年12月10日和1998年8月25日签署了一期、二期《岭澳核电站征地协议》。以上两期征地补偿款应有16 157.07万元。但是龙岗国土分局、大鹏镇政府以各种名义克扣、截留应归岭澳村委所有的征地补偿款3 986.89万元。龙岗国土分局、大鹏镇政府还以每亩收取1万元“土地出让金”为由，变相将应归村集体或农民所有的6 344.04万元征地补偿款占为己有。核电集体没有对征用的750亩滩涂给予补偿，并将应由核电集团缴纳的税费加在岭澳村委身上。

关于拖欠的征地补偿费：（1）按照协议征地及补偿情况：一期与二期合计应付征地补偿费16 157.07万元，扣除征地管理费484.7万元，龙岗国土分局应付15 672.4万元，已付11 685.8万元，尚欠3 986.8万元。（2）拖欠征地费的具体项目。①一期征地750亩滩涂，龙岗国土分局须给付土地补偿费1 500万元全部被扣留。但水域、滩涂既有归全民所有的，也有归集体所有的，而绝非全部属全民所有。关于岭澳村滩涂所有权问题，镇、村双方一直存在争议。在开办养殖场过程中，村投入了大量的人力、物力，海胆养殖场已粗具规模，年产值达几百万元，成为村的支柱产业。但是核电集团征地以后，其中的750亩被征用，剩余的750亩也因核电厂建设、污染以及核电厂管理原因而无法经营，农民损失惨重，故对被征用的750亩滩涂，必须给予赔偿。②在岭澳村二期征地中，大鹏镇政府截留900万元征地补偿费。③大鹏镇政府代收的483.8万元林地使用费、林木补偿费没有任何法律依据，依《广东省林木管理办

法》第22条、第23条的规定，林地使用费和林木补助费除应返还个人的部分外，不能收取其他费用。④农电公司补偿费150万元。大鹏镇政府不是征地机关，无权干涉征地补偿费的发放以及以代收代付为借口克扣属于村集体或农民的征地补偿款项。至于被征地单位对第三方的补偿及税费缴付问题，应由用地单位及被征地单位自己解决，大鹏镇政府无权干涉。⑤大鹏镇政府代扣、代缴的耕地占用税和土地补偿农业205.7万元。根据法律规定，占用耕地从事非农业建设的单位和个人是耕地占用税的纳税主体，但是龙岗国土分局却将核电集团需交纳的税费强加给岭澳村委。⑥大鹏镇政府以收取地价款为由，扣取735.9万元。由于岭澳核电站的建设，岭澳村民举村搬迁。1998年4月，龙岗国土分局下发了《关于批准大鹏镇岭澳村“二核”征地拆迁村民私宅统建的通知》，同意岭澳村委“在征地拆迁安置地 王母村地段18 365.4平方米的土地做私宅统建用地。”“按照农村村民私宅统建的有关规定和拆一还一的原则给各户办理房地产产权登记手续。”由此可见，18 365.4平方米的岭澳村委村民安置用地，是以拆一还一的原则进行的。而国土局的文件里根本没提到要岭澳村委交纳地价以及地价的交费标准。而大鹏镇政府就利用手中“代付”征地补偿费的权力，直接在应付给岭澳村委的征地补偿费中扣除735.9万元归己所有。

从最初签订征地协议开始，龙岗国土分局、大鹏镇政府包括深圳市国土局、深圳市政府、龙岗区政府一直向岭澳村委隐瞒了在征地过程中向核电集团收取每亩1万元土地出让金的事实。无论是“征地补偿费”还是“土地出让金”，这些皆因为岭澳核电站工程征用农村集体土地而发生。用地单位按每亩3万元，其实质就是补偿费。因此，向核电集团收取的每亩1万元的土地出让金6 344.04万元应返还给岭澳村委。征地主体以及征地补偿费的给付主体均应为龙岗国土分局，岭澳村委应该直接与深圳市规划国土局龙岗国土分局结算征地补偿费。由于在征地过程中龙岗国土分局违反法定程序，将征地主体以及征地补偿费的付款主体变相变为大鹏镇政府，导致了截留、克扣农民征地补偿费的情况。就征地补偿费的性质而言，本案应为合同纠纷，征地机关及相关责任人不能严格履行合同，逾期支付征地补偿费已构成违约，依法应承担违约责任。龙岗国土分局应承担逾期付款责任并返还被挪用的补偿费。征地管理费是用地单位支付，龙岗国土分局在此次征地中没做任何实质性工作，不应收取征地管理费。龙岗国土分局收取的征地管理费应退还给岭澳村委。

综上，请求法院判令：(1) 龙岗国土分局给付拖欠的征地补偿费3 986.89万元，支付因逾期给付征地补偿费而发生的利息980万元和违约金1 480万元，以上违约金暂计至2001年8月15日；(2) 龙岗国土分局返还被挪用的征地补偿款6 344.04万元，利息1 628万元，利息暂计至2001年8月15日；(3) 大鹏镇政府对龙岗国土分局的上述全部债务承担连带清偿责任；(4) 龙岗国土分局返还征地管理费439.79万元及利息；(5) 由龙岗国土分局承担本案的全部诉讼费用。

被告龙岗国土分局答辩称：(1) 依照《广东省征地管理规定》第9条的规定，市、县国土部门根据征地工作的需要，可委托乡（镇）人民政府承办征地工作的具体业务，但征地协议必须由国土部门与被征地单位签订。龙岗国土分局委托大鹏镇政府具体实施征地补偿业务是符合法律规定的。(2) 岭澳村委提出的诉讼请求与事实和法律不符：① 诉称的征地面积有误。岭澳村委称一期征地7 094.04亩，其中陆地6 344.04亩，滩涂750亩，与事实不符。一期征地面积为6 344.04亩，不包括滩涂，滩涂不在征地范围内。因为滩涂依法属国有，不存在征用问题。故一期征地岭澳村委应得的征地补偿费应为6 344.04亩×2万/亩-征地管理费380.6万元=12 307.48万元。二期征地1 968.99亩，每亩1万元。岭澳村委应得征地补偿费为1 968.99×1万/亩-征地管理费59万元=1 909.99万元。② 本案的滩涂不应给予土地补偿费。滩涂的所有权本身属于国家所有，因此也就不存在征地补偿的问题，岭澳村委所诉1 500万元的滩涂征地补偿费没有法律依据。③岭澳村委要求返还被挪用的征地补偿款6 344.04万元及利息，其要求不属实而且不合法。首先，岭澳村委的诉求与基本事实不符，这6 344.04万元是龙岗国土分局依法向用地单位收取的土地开发费和土地出让金的一部分，不属于征地补偿费的范畴。用地单位以每亩3万元的价格支付的款项，不是征地补偿款，而是国有土出让所应缴纳的地价款，包括土地开发费、土地出让金及市政配套费三项，这笔6 344.4万元的款项正是龙岗国土分局收取的地价款的一部分，龙岗国土分局按深圳市政府明确要求将这笔款项用于发展大鹏镇的经济建设并无不妥，岭澳村委无权索取不属于征地补偿款范围的款项。其次，岭澳村委混淆了两个基本的法律概念和两个不同的法律关系。国家征用土地所应给予集体组织的补偿款，不能与国家出让土地对用地单位所收取的地价款画等号。正因为如此，龙岗国土分局在与被征地一方所签订的征地补偿协议中明确约定了征地补偿的具体标准和数额，在双方达成的征地补偿协议中，也根本不存在岭澳村委所称的6344.04万元征地补偿费的问题。(3) 本案的征地补偿标准是在几方当事人充分协商的基础上确定的，充分体现了岭澳村委的补偿要求，不存在显示公平。龙岗国土分局已按征地协议要求履行义务，根本不存在再向岭澳村委交付征地补偿费和利息及违约金的问题。①根据征地协议规定，龙岗国土分局向大鹏镇政府支付征地补偿款，岭澳村委直接向大鹏镇政府领取征地补偿款。该领款方式是经过岭澳村委同意的，岭澳村委应当遵守协议的约定。②龙岗国土分局已向大鹏镇政府支付了协议约定的全部补偿款，不存在违约的事实。至于大鹏镇政府截留征地补偿款，是大鹏镇政府的违约行为，则岭澳村委应诉请大鹏镇政府履行合同义务。③ 龙岗国土分局在征地补偿协议中已履行应承担的法定职责。岭澳村委多次反映了大鹏镇政府存在截留、克扣征地补偿款的问题，龙岗国土分局多次与大鹏镇政府、岭澳村委进行协商，要求大鹏镇政府妥善解决岭澳村委提出的问题，并且还向龙岗区人民政府反映情况，要求监督处理。龙岗国土分局已经依照法律的规定和合同的约定，履行了相应的法定职责。龙岗国土分局按3%收取征地管理费是在三方签订的《征地补偿协议》中约定的，岭澳村委请求龙岗国土分局返还没有依据。

被告大鹏镇政府答辩称：(1) 岭澳村委关于一期征地中750亩滩涂，龙岗国土分局须给付土地补偿费1 500万元的诉请与法律相悖。岭澳村委在无证据证明其对750亩滩涂享有所有权的情况下是无权主张1 500万元征地补偿费的。(2) 岭澳村委称大鹏镇政府截留了第二期征地补偿费900万元不符合合同的约定和当时的事实。由于二期征地1 968.99亩全部是荒山，未涉及住户搬迁以及占用耕地等问题，便不存在给岭澳村委补偿安置费的问题，也无须缴纳农业税和土补农业税。所以，第二期征地应向岭澳村委补偿的费用实际只有三项，包括土地补偿费、青苗林木果树补偿、附作物拆迁补偿费。其中土地补偿费的标准是根据深圳市龙岗区人民政府办公室深龙府办复〔1996〕7号文件批复的标准，执行该标准是山地4 000元/亩，按此标准计算，国家应付给岭澳村委的土地补偿费应为1 968.99亩×4 000元/亩=787.596万元。另外，青苗林木果树补偿、附作物拆迁补偿费等两个项目的补偿费用则是由岭澳村委参照政府规定的标准自行计算出来的，两项的累计金额为298.181 5万元。上述三项补偿费合计为1 085.777 5万元。而大鹏镇政府已实际支付给岭澳村委1 068.989 4万元，尚差16.788 1万元未付。另外，大鹏镇政府还另行代其缴纳了征地管理费59.06万元。若征地管理费也由岭澳村委缴纳，则两数相抵，大鹏镇政府还多付了42.28万元。深圳市政府〔1995〕65号文明确要求，二期征地费用中除应付给岭澳村委的各项补偿费用之后，应留有余额交大鹏镇政府用于经济发展，公路建设等。在二期征地过程中，龙岗国土分局、大鹏镇政府、岭澳村委共同签订了由大鹏镇政府作为包干人的征地协议，由龙岗国土分局将出让二期征地所收取的全部费用，按1万元/亩计，全部拨付给大鹏镇政府，在大鹏镇政府完成包干义务后，剩余资金由大鹏镇政府自行支配用以经济发展。对于以上事实，岭澳村委是非常清楚并完全同意的。综上所述，一、二期征地过程对于征地费用的分配使用均遵循了深圳市府〔1995〕65号文的要求，即一部分用以支付给被征地方，一部分交大鹏镇政府用以发展当地经济。(3) 大鹏镇政府代收、代缴的税费合法合理，扣收的地价款亦于法有据。(4) 岭澳村委关于1 480万元违约金的诉讼请求既无事实根据，又无合同依据。首先，大鹏镇政府严格履行了征地补偿协议，并无违约行为发生。其次，违约金是以合同约定为依据，岭澳村委与被告从未在相关协议中约定违约金条款。

被告核电集团辩称：集体土地征用与国有土地出让是两个不同的法律关系，前者是国家因建设需要将集体所有土地征为国有，并给予适当补偿的法律关系；后者是国家根据用地单位的申请将国有土地的使用权有偿出让的法律关系。岭澳村委与龙岗国土分局、大鹏镇政府签订的一期、二期征地协议，属集体土地征用法律关系，而核电集体与深圳市规划国土局签订的《土地使用权出让合同书》属国有土地出让法律关系。核电集体已按出让合同缴纳了出让金和开发费，完全履行了合同义务。岭澳村委错误地混淆了集体土地征用与国有土地出让的区别，将不属于集体土地征用法律关系的核电集体列为被告是错误的，因此不应承担任何连带责任。

案例二①：

上诉人（原审原告）：陈某某。

被上诉人（原审被告）：福建省厦门市同安区某某镇亭洋村村民委员会第一村民小组（以下简称“亭洋村一组”）。

① 案例摘自刘子平、梁朔梅编著：《农村土地纠纷新型典型案例与专题指导》，中国法制出版社2009年版，第215~216页。

被上诉人（原审被告）：福建省厦门市同安区某某镇亭洋村村民委员会（以下简称“亭洋村村委会”）。

1996年1月5日，原告陈某某代表全家四口人，以被告亭洋村一组村民（户别为农业户口）的身份，与亭洋村一组签订了农业承包合同，承包了该组村民所有的旱地1.16亩、水田0.38亩，共计1.54亩。1998年12月31日，厦门市同安区人民政府给陈某某发放证号为No.066277的土地承包经营权证，确认了陈某某一家与亭洋村一组之间的农业承包合同关系。2002年1月21日，陈某某一家迁往同安区大同镇碧岳村岳口居住，户别也转为非农业户。2002年7月23日，如意食品公司与亭洋村村委会签订《土地征用协议》，征用了包括陈某某一家原来承包的1.16亩土地在内的旱地69.8亩，2002年9月1日如意食品公司支付了土地补偿款、安置费及青苗补偿款。亭洋村村委会和亭洋村一组按比例将补偿款分发给被征用土地的各户村民，但未分给陈某某一家，因此引起纠纷。2002年7月24日，陈某某将全家户口从大同镇碧岳村岳口迁回亭洋村，户口类别仍为非农业户。2003年3月11日，陈某某提起本案诉讼。

在土地被征用前，亭洋村村委会曾以《新乡村征地表决书》一份，逐户征求在征地范围内有承包地的村民对征地的意见，陈某某在该表决书上签字同意征地。

原告陈某某诉称：原告一家四口是被告亭洋村一组的村民。1996年1月5日，原告代表全家承包了亭洋村一组的1.54亩土地，该承包关系得到了厦门市同安区人民政府于1998年12月31日颁发的No.066277土地承包经营权证的确认。2002年7月23日，被告亭洋村村委会与厦门如意食品公司签订土地征用协议，由如意食品公司在向亭洋村村委会支付土地补偿款、安置款及青苗补偿款后，征用亭洋村的旱地69.8亩，其中包括原告承包的1.16亩土地。亭洋村一组在向承包土地被征用的各户发放土地补偿款时，不给原告一家发放。请求判令亭洋村一组合亭洋村村委会给原告支付土地征用补偿款、安置款共计17 400元。

被告亭洋村村一组辩称：原告一家四口原来是本组村民，并在本组承包过土地，但自2002年1月21日，原告一家已将户口迁出本村并转为非农户。其原承包的土地，已由本组按村规民约形成的惯例，重新调整给其他村民承包。本组土地被征用后，土地补偿款、安置费等，均已如数发放给相关农户。由于自2002年1月21日后，原告已不是本集体经济组织成员，没有承包经营的土地被征用，故无权请求分配征地补偿款。原告即使仍持有前几年发放的土地承包经营权证，也改变不了这一事实。

被告亭洋村村委会辩称：首先，支持亭洋村一组的答辩意见。其次，依照《村民委员会组织法》第5条的规定，本村委会作为村农民集体所有土地的管理者，只是按照亭洋村一组大多数村民的意愿，履行与如意食品公司签订《土地征用协议》的手续而已。土地被征用后获得的土地补偿款，村委会已经全部交给亭洋村一组，由该组村民按照自主决策的方案全部分配。村委会没有截留这笔款项，谈不上与原告发生土地补偿款分配纠纷，因此原告将本村委会列为被告是错误的。

【重要法条链接】

1.《中华人民共和国土地管理法》

第四十三条　任何单位和个人进行建设，需要使用土地的，必须依法申请使用国有土地；但是，兴办乡镇企业和村民建设住宅经依法批准使用本集体经济组织农民集体所有的土地的，或者乡（镇）村公共设施和公益事业建设经依法批准使用农民集体所有的土地的除外。

第四十四条　建设占用土地，涉及农用地转为建设用地的，应当办理农用地转用审批手续。

第四十五条　征收下列土地的，由国务院批准：

（一）基本农田；

（二）基本农田以外的耕地超过35公顷的；

（三）其他土地超过70公顷的。

征收前款规定以外的土地的，由省、自治区、直辖市人民政府批准，并报国务院备案。

征收农用地的，应当依照本法第四十四条的规定先行办理农用地转用审批。其中，经国务院批准农用地转用的，同时办理征地审批手续，不再另行办理征地审批；经省、自治区、直辖市人民政府在征地批准权限内批准农用地转用的，同时办理征地审批手续，不再另行办理征地审批，超过征地批准权限的，应当依照本条第一款的规定另行办理征地审批。

第四十六条　国家征收土地的，依照法定程序批准后，由县级以上地方人民政府予以公告并组织实施。

被征收土地的所有权人、使用权人应当在公告规定期限内，持土地权属证书到当地人民政府土地行政主管部门办理征地补偿登记。

第四十七条　征收土地的，按照被征收土地的原用途给予补偿。

征收耕地的补偿费用包括土地补偿费、安置补助费以及地上附着物和青苗的补偿费。征收耕地的土地补偿费，为该耕地被征收前三年平均年产值的六至十倍。征收 耕地的安置补助费，按照需要安置的农业人口数计算。需要安置的农业人口数，按照被征收的耕地数量除以征地前被征收单位平均每人占有耕地的数量计算。每一个需要安置的农业人口的安置补助费标准，为该耕地被征收前三年平均年产值的四至六倍。但是，每公顷被征收耕地的安置补助费，最高不得超过被征收前三年平均年产值的十五倍。

征收其他土地的土地补偿费和安置补助费标准，由省、自治区、直辖市参照征收耕地的土地补偿费和安置补助费的标准规定。

被征收土地上的附着物和青苗的补偿标准，由省、自治区、直辖市规定。

征收城市郊区的菜地，用地单位应当按照国家有关规定缴纳新菜地开发建设基金。

依照本条第二款的规定支付土地补偿费和安置补助费，尚不能使需要安置的农民保持原有生活水平的，经省、自治区、直辖市人民政府批准，可以增加安置补助费。但是，土地补偿费和安置补助费的总和不得超过土地被征收前三年平均年产值的三十倍。

国务院根据社会、经济发展水平，在特殊情况下，可以提高征收耕地的土地补偿费和安置补助费的标准。

2.《中华人民共和国土地管理法实施条例》

第十九条 建设占用土地，涉及农用地转为建设用地的，应当符合土地利用总体规划和土地利用年度计划中确定的农用地转用指标；城市和村庄、集镇建设占用土地，涉及农用地转用的，还应当符合城市规划和村庄、集镇规划。不符合规定的，不得批准农用地转为建设用地。

第二十条 在土地利用总体规划确定的城市建设用地范围内，为实施城市规划占用土地的，按照下列规定办理：

（一）市、县人民政府按照土地利用年度计划拟订农用地转用方案、补充耕地方案、征收土地方案，分批次逐级上报有批准权的人民政府。

（二）有批准权的人民政府土地行政主管部门对农用地转用方案、补充耕地方案、征收土地方案进行审查，提出审查意见，报有批准权的人民政府批准；其中，补充耕地方案由批准农用地转用方案的人民政府在批准农用地转用方案时一并批准。

（三）农用地转用方案、补充耕地方案、征收土地方案经批准后，由市、县人民政府组织实施，按具体建设项目分别供地。

在土地利用总体规划确定的村庄、集镇建设用地范围内，为实施村庄、集镇规划占用土地的，由市、县人民政府拟订农用地转用方案、补充耕地方案，依照前款规定的程序办理。

第二十五条 征收土地方案经依法批准后，由被征收土地所在地的市、县人民政府组织实施，并将批准征地机关、批准文号、征收土地的用途、范围、面积以及征地补偿标准、农业人员安置办法和办理征地补偿的期限等，在被征收土地所在地的乡（镇）、村予以公告。

被征收土地的所有权人、使用权人应当在公告规定的期限内，持土地权属证书到公告指定的人民政府土地行政主管部门办理征地补偿登记。

市、县人民政府土地行政主管部门根据经批准的征收土地方案，会同有关部门拟订征地补偿、安置方案，在被征收土地所在地的乡（镇）、村予以公告，听取被征收土地的农村集体经济组织和农民的意见。征地补偿、安置方案报市、县人民政府批准后，由市、县人民政府土地行政主管部门组织实施。对补偿标准有争议的，由县级以上地方人民政府协调；协调不成的，由批准征收土地的人民政府裁决。征地补偿、安置争议不影响征收土地方案的实施。

征收土地的各项费用应当自征地补偿、安置方案批准之日起3个月内全额支付。

第二十六条 土地补偿费归农村集体经济组织所有；地上附着物及青苗补偿费归地上附着物及青苗的所有者所有。

征收土地的安置补助费必须专款专用，不得挪作他用。需要安置的人员由农村集体经济组织安置的，安置补助费支付给农村集体经济组织，由农村集体经济组织管理和使用；由其他单位安置的，安置补助费支付给安置单位；不需要统一安置的，安置补助费发放给被安置人员个人或者征得被安置人员同意后用于支付被安置人员的保险费用。

◎思考题：

1. 我国土地征收的主体与征收对象是什么？
2. 请简述征收的补偿标准。
3. 请你对完善我国土地征收制度提出见解。

第五章　城市房屋征收与补偿、安置

【本章导读】

城市房屋征收与拆迁安置曾一度成为社会关注的焦点问题。本章以《国有土地上房屋征收与补偿条例》的相关规定为主线介绍了城市房屋征收的含义、法律关系、征收程序等内容，着重解析了《国有土地上房屋征收与补偿条例》中一些重大修改背后蕴含的原因。最后以广州市对“城中村”改造的流程为例，对“城中村改造”问题进行了简要的介绍.

第一节　城市房屋征收概述

【问题引入】

某市进行旧城区改造，由于改造地段位于城乡结合部，所以既有国有土地上的房屋也有村民自建的住宅。

问题：如果需要征收村民的自建住宅是否属于城市房屋征收的范畴?

首先我们要限定的是，本章里所指的房屋征收是政府基于公共利益的需要而征收公民个人、单位及其他社会组织所有的国有土地地上建筑物。在前面的章节中已经介绍了城市范围内的土地全部都是国有土地，因此在城市征收房屋拆迁过程中，征收的对象是地上建筑物，而非建筑所占面积内的土地。在实践中，很多人经常将国有土地上房屋征收与城市房屋征收画等号，其实两者只是包含关系，只是由于利益矛盾焦点集中于城市内国有土地上房屋的征收，因此约定俗成地用后者指代前者。严格而言，城市房屋征收的概念并不周延，本书之所以使用城市房屋征收的概念也是基于习惯性称呼。

一、城市房屋征收的含义和特征

城市房屋征收是指国家为了公共利益的需要，依照法律法规设定的条件和程序，由政府作为征收人，征收规划区内国有土地上的房屋及其附着物，并对被征收人进行补偿、安置的行为。

城市房屋征收的特征，主要体现在如下几个方面：

(一) 实施的范围限于国有土地上

在前面的介绍中，已经介绍了国有土地主要是城市内的土地，因为建筑附属于土地，土地国有是国家实施房屋征收的前提。

（二）必须基于公共利益的需要

《宪法》、《物权法》都明文规定保护公民个人的合法财产，没有公共利益这个必要前提条件，对公民个人所有的建筑物实施征收就丧失了合法性。至于何为公共利益，本书会在以下的内容中作进一步详细的介绍。

（三）征收主体具有唯一性

在《城市房屋拆迁管理条例》被废止前，曾实行城市房屋拆迁许可制，但由于存在诸多问题，导致被征收人与拆迁人之间矛盾尖锐，弊端丛生。现在房屋的征收主体只有一个，即市、县级人民政府，其他机关、单位或个人都不能成为征收主体。

（四）必须给予被征收人公平补偿

与土地征收一样，被征收房屋的权利人也同样是为公共利益而让渡了自己对建筑物的物权，对此国家作为征收主体应该给予公平补偿，这个原则在《物权法》、《国有土地上房屋征收与补偿条例》中都明确得到了体现。

二、城市房屋征收产生的原因

国家出于某种公共利益的需要，必须收回公民个人、单位及其他社会组织的房屋所占的国有土地使用权时，首先要清除地上建筑物才能改变用途。由于房地一体，而国家并非地上建筑的物权主体，要消灭地上建筑的物权必须先通过征收的方法获得建筑的所有权，将房与地都变为国有之后，才能由国家来进行处分。

三、城市房屋征收法律制度的历史沿革

最早的《城市拆迁管理条例》制定于1991年，2001年国务院通过了新的《城市房屋拆迁管理条例》(以下简称《拆迁条例》)，并且废止了1991年的条例。但该条例实施后，2002年7月，杭州数百位市民就上书全国人大常委会，要求对条例进行违宪审查。从此之后，一直有人不断提出对2001年条例的违宪审查。

2004年《宪法》第13条规定："国家为了公共利益的需要，可以依照法律规定对公民的私有财产实行征收或者征用并给予补偿。"2007年10月1日《物权法》施行，第42条第1款规定："为了公共利益的需要，依照法律规定的权限和程序可以征收集体所有的土地和单位、个人的房屋及其他不动产。"第42条第3款规定："征收单位、个人的房屋及其他不动产，应当依法给予拆迁补偿，维护被征收人的合法权益；征收个人住宅的，还应当保障被征收人的居住条件。"

2007年8月30日，对《城市房地产管理法》进行修改，增加一条："为了公共利益的需要，国家可以征收国有土地上单位和个人的房屋，并依法给予拆迁补偿，维护被征收人的合法权益；征收个人住宅的，还应当保障被征收人的居住条件。具体办法由国务院规定。"《城市房地产管理法》的修改实质是授权国务院对征收国有土地上单位和个人的房屋制定具体办法。

2011年1月19日国务院第141次常务会议通过《国有土地上房屋征收与补偿条例》(以下简称《征收与补偿条例》)并于同月21日开始施行，同时废止了2001年的《城市房屋拆迁管理条例》。

第二节　城市房屋征收的条件

【问题引入】

某大型国有钢铁企业拟从国外引进一条先进的炼钢生产线，想建设一片占地约为100亩的厂区。向其所在地的市政府申请用地，市政府认为用地目的符合公共利益的需要，决定征收辖区内100亩的集体所有土地。

问题：该市政府的土地征收决定是否符合公共利益的界定标准？

《征收与补偿条例》最大的一个亮点就是以列举式的方法明确了以往难以界定的“公共利益”，在《征收与补偿条例》颁布前常有地方政府任意解释“公共利益”，打着“公共利益”的幌子从事具有营利色彩的活动，导致权力寻租现象的频发，对政府的公信力造成严重的不良影响。《征收与补偿条例》将征收房屋的必要性限定在以下六种情况：

《征收与补偿条例》第8条规定：“为了保障国家安全、促进国民经济和社会发展等公共利益的需要，有下列情形之一，确需要征收房屋的，由市、县级人民政府作出房屋征收决定：

（一）国防和外交的需要；

（二）由政府组织实施的能源、交通、水利等基础设施建设的需要；

（三）由政府组织实施的科技、教育、文化、卫生、体育、环境和资源保护、防灾减灾、文物保护、社会福利、市政公用等公共事业的需要；

（四）由政府组织实施的保障性安居工程建设的需要；

（五）由政府依照城乡规划法有关规定组织实施的对危房集中、基础设施落后等地段进行旧城区改建的需要；

（六）法律、行政法规规定的其他公共利益的需要。”

此外，对于第8条所指的“确需要征收房屋的”，第9条也给出了原则性的标准，即“确需征收房屋的各项建设活动，应当符合国民经济和社会发展规划、土地利用总体规划、城乡规划和专项规划。保障性安居工程建设、旧城区改建，应当纳入市、县级国民经济和社会发展年度计划”。

对于《征收与补偿条例》第8条还需要进一步明确的就是第（5）项，“旧城区改建”这个实施弹性较大、争议也将较大的灰色条款，地方实施商业性房地产开发可利用的法律资源与可能途径。

第三节　城市房屋征收的法律关系主体

【问题引入】

某市为改造某片旧城区，决定征收地上的房屋，其中涉及该区房管局直管的公房102套，这102套公房的住户都认为自己是被征收人要求给予货币补偿或者产权置换。

问题：公房的住户是否被征收人？

房屋拆迁当事人是指在房屋拆迁补偿安置活动中具有直接利害关系的单位和个人，即房屋征收主体、被征收人、承租人等。《征收与补偿条例》变拆迁房屋三方法律关系为房屋征收两方法律关系，原《拆迁条例》明确房屋拆迁关系是三方形成的法律关系：建设单位（拆迁人）、被拆迁人、政府（行政管理者和居中争议裁决者），《征收与补偿条例》明确房屋征收系由征收人（县级以上政府）与被征收人（公民和法人）两方形成的行政法律关系。以下分别对各个主体的法律地位进行介绍。

一、房屋征收主体

根据《征收与补偿条例》第4条第1款规定："市、县级人民政府负责本行政区域的房屋征收与补偿工作。"因此，实施征收主体为市、县级人民政府。市、县级人民政府，包括市级人民政府和县级人民政府，各区政府应当作为县级人民政府，享有征收主体资格。虽然，名义上市、县级人民政府是征收人，但是市、县政府不能直接实施房屋征收和补偿工作，因此第4条第2款规定："市、县级人民政府确定的房屋征收部门（以下称房屋征收部门）组织实施本行政区域的房屋征收与补偿工作。"即由市、县级人民政府确定一个部门作为房屋征收的组织实施部门，并且这个被指定的部门根据工作的需要，还可以委托房屋征收实施单位，承担房屋征收与补偿的具体工作。房屋征收实施单位不得以营利为目的。房屋征收部门对房屋征收实施单位在委托范围内实施的房屋征收与补偿行为负责监督，并对其行为后果承担法律责任。

二、被征收主体

房屋被征收人是指被拆除房屋的所有权人，即拥有被征收房屋的产权所有的个人和单位，所有权人以产权证记载的权利人为所有人，所有人可以是一人，也可以是几人共有。被征收房屋的承租人是指对被征收的房屋具有合法租赁关系的个人和单位。承租人有两种类型：一是执行政府标准租金的个人和单位；二是按市场价格双方协商确定租金的承租人。

第四节　房屋征收的决定程序

【问题引入】

某市的房屋征收方案公布后，一些市民认为此次房屋征收会严重破坏当地建筑的人文风貌并提出异议。房屋征收部门认为，提出异议的市民有很多并非拟征收区域内的居民，于是没有听取这些意见。

问题：房屋征收部门对非征收区域内居民提出的异议是否仍应该听取？

一、拟定征收补偿方案

根据《征收与补偿条例》第10条的规定，指定的房屋征收部门在开始征收前应拟定征收补偿方案报市、县级人民政府。征收补偿方案的内容应当包括：（1）征收的主体；（2）征收的原因；（3）征收的范围；（4）征收工作的时安排安排；（5）征收的实施程序；（6）办理相关手续的程序；（7）补偿的方式和标准；（8）其他与征收相关的事项。

二、公开征询意见

根据《征收与补偿条例》第11条的规定，市、县级人民政府应当组织有关部门对征收补偿方案进行论证并予以公布，征求公众意见。征求意见期限不得少于30日。市、县级人民政府应当将征求意见情况和根据公众意见修改的情况及时公布。因旧城区改建需要征收房屋，多数被征收人认为征收补偿方案不符合本条例规定的，市、县级人民政府应当组织由被征收人和公众代表参加的听证会，并根据听证会情况修改方案。

上述规定，扩大了被征收区域内公众对征收决定的决策的参与权，当发生多数被征收人认为某旧城区改建项目的征收补偿方案不符合法律规定的，政府需要组织召开听证会。但也有两个问题需要明确，一是能否对旧城区改建项目本身是否合法进行听证；二是多数人意见如何确定。

三、未登记建筑调查

市、县级人民政府作出房屋征收决定前，应当组织有关部门依法对征收范围内未经登记的建筑进行调查、认定和处理。对认定为合法建筑和未超过批准期限的临时建筑的，应当给予补偿；对认定为违法建筑和超过批准期限的临时建筑的，不予补偿。

四、进行社会稳定风险评估

《征收与补偿条例》第12条规定："市、县级人民政府作出房屋征收决定前，应当按照有关规定进行社会稳定风险评估；房屋征收决定涉及被征收人数量较多的，应当经政府常务会议讨论决定。"

五、征收补偿费用准备

俗话说："兵马未动粮草先行。"为了防止补偿不充足、补偿不到位、拖欠补偿款等问题，作出房屋征收决定前，征收补偿费用应当足额到位、专户存储、专款专用。这里的"费用足额到位"应当是指补偿费用已在财政专户。费用要进行相关的测算，保证费用的总额足以支付补偿费用。

六、作出征收决定并公告

市、县级人民政府完成前面所有程序后，应当根据上述情况，作出房屋征收决定。征收决定作出之后，应当及时公告。公告应当载明征收补偿方案和行政复议、行政诉讼权利等事项。

需要注意的是，《物权法》第28条规定："因人民法院、仲裁委员会的法律文书或者人民政府的征收决定等，导致物权设立、变更、转让或者消灭的，自法律文书或者人民政府的征收决定等生效时发生效力。”故被征收的房屋的物权自人民政府的征收决定生效时发生转让效力。物权是否发生转让与补偿款是否已经交付并没有直接联系，房屋征收决定一旦发生效力，除非被征收人申请行政复议或提起行政诉讼，并且其异议得到了支持，否则必然导致物权变动，被征收人不得拒绝，这也是由征收属于行政行为的性质决定的。被征收人如果对补偿价格或补偿方式不满意，也可以依法申请行政复议或提起行政诉讼，但这仅仅是针对如何达到公平补偿的问题，而非针对征收决定是否生效。

第五节　房屋征收的实施和补偿程序

【问题引入】

某村位于某市A区近郊。根据该市土地利用总体规划，该市拟征收该村所有土地，并对该村进行城中村改造。征地的公告发布后，大批村民为了能争取更多的拆迁补偿款开始改扩建原有住房，一些已经迁出户籍的原村民也打算想办法把户籍再迁回。

问题：这些村民的做法是否合法？

一、调查登记

房屋征收部门应当对房屋征收范围内房屋的权属、区位、用途、建筑面积等情况组织调查登记，被征收人应当予以配合。调查结果应当在房屋征收范围内向被征收人公布。

二、停办相关手续

为了防止被征收人恶意利用征收补偿不当地多获取补偿款，造成征收成本畸高，房屋征收范围确定后，不得在房屋征收范围内实施新建、扩建、改建房屋和改变房屋用途等不当增加补偿费用的行为，违反规定实施的，不予补偿。

房屋征收部门应当将上述所列事项书面通知有关部门暂停办理相关手续。暂停办理相关手续的书面通知应当载明暂停期限。暂停期限最长不得超过1年。

三、签订补偿协议

房屋征收部门与被征收人应当签订书面的补偿协议，协议的内容包括补偿方式、补偿金额和支付期限、用于产权调换房屋的地点和面积、搬迁费、临时安置费或者周转用房、停产停业损失、搬迁期限、过渡方式和过渡期限等事项。

征收人可以选择货币补偿，也可以选择房屋产权调换。即将房屋征收的实物安置选择权赋予被征收人，而不是政府。政府提供改建地段或者就近地段的安置房屋成为一种法定职责。

补偿协议订立后，一方当事人不履行补偿协议约定的义务的，另一方当事人可以依法提起诉讼。补偿协议这种情况最后由法院审判解决，不存在申请强制搬迁，被征收人不履行协议，征收部门应当起诉被征收人，要求履行协议。

四、达不成协议或者所有人不明确的处理

《征收与补偿条例》第 26 条规定："房屋征收部门与被征收人在征收补偿方案确定的签约期限内达不成补偿协议，或者被征收房屋所有权人不明确的，由房屋征收部门报请作出房屋征收决定的市、县级人民政府依照本条例的规定，按照征收补偿方案作出补偿决定，并在房屋征收范围内予以公告。补偿决定应当公平，包括本条例第 25 条第 1 款规定的有关补偿协议的事项。被征收人对补偿决定不服的，可以依法申请行政复议，也可以依法提起行政诉讼。"

根据上述条文的表述，由房屋征收部门单方依据公平原则作出补偿决定适用的两种情形：达不成补偿协议、被征收房屋所有权人不明确的。由于被征收人与房屋征收部门之间无法达成一致意见，而所有权人不明则更是连协商对象都无法明确，因此在这两种情况下，补偿决定被迫只能用公告的方式送达给相对方，被征收人对征收补偿决定不服的，可提起行政复议、行政诉讼。

第六节　房屋征收过程中的禁止性规定

针对社会上发生的数起骇人听闻的暴力强拆事件，以及这些事件背后隐藏的原因，《征收与补偿条例》特别规定了两个方面的禁止性规定。

一、禁止用地与建设主体参与房屋征收

在征收主体和被委托主体这个方面，《征收与补偿条例》相较于被废止的《拆迁条例》有两个比较大的变化，一是不允许被委托的房屋征收实施单位营利，而原来实行拆迁许可制，被许可人往往都是房地产开发商，为了争取工期以获得更大的营利空间，常常采取不合法的手段侵害被征收人的利益；二是不允许建设单位参与征收、拆迁活动，该规定的原因与不允许房屋征收实施单位营利的原因相同。

二、禁止暴力强制征收

《征收与补偿条例》第 27 条规定："作出房屋征收决定的市、县级人民政府对被征收人给予补偿后，被征收人应当在补偿协议约定或者补偿决定确定的搬迁期限内完成搬迁。任何单位和个人不得采取暴力、威胁或者违反规定中断供水、供热、供气、供电和道路通行等非法方式迫使被征收人搬迁。……"该条文确定"先补偿、后征收"的原则，不得反其道而行之。在达成补偿协议并且补偿方式履行完毕前，房屋征收部门及其委托的房屋征收实施单位都不能采取任何形式的暴利手段强迫被征收人搬迁。如果被征收人已经接受了补偿却未在协议约定或者补偿决定确定的搬迁期限内完成搬迁，房屋征收部门只能向法院申请强制执行，在后面的内容中关于这个问题还有介绍。

第七节　房屋征收过程中的争端解决

一、两个“复议和诉讼”的区别

在前面内容中曾介绍了两次复议和诉讼，一个是《征收与补偿条例》的第14条，另一个是《征收与补偿条例》的第26条。但是这两个复议和诉讼针对的事由是完全不同的，区别主要在于：

（一）针对的对象不同

前者针对的是征收决定本身的合法性，而后者仅仅只是对补偿内容的公平性，也就是说被征收人对自己的房屋被征收并不持异议，只是对补偿内容不能与征收人达成一致的意见。前者的胜败不仅涉及申请复议人或诉讼的原告，还可能涉及整个房屋征收决定的合法与否，后者胜败仅对个体发生法律效力。

（二）法律效果不同

前者可能产生限制行政决定执行的法律后果，即通过行政复议或行政诉讼，被征收人的异议得到了支持，则房屋征收决定就不能继续执行，整个征收行为必须停止；后者则不会限制行政决定执行，征收行为继续进行。

二、强制执行的司法审判

《征收与补偿条例》第28条规定：“被征收人在法定期限内不申请行政复议或者不提起行政诉讼，在补偿决定规定的期限内又不搬迁的，由作出房屋征收决定的市、县级人民政府依法申请人民法院强制执行。”该条规定是相较于《拆迁条例》的又一个重大改变，其实质是行政决定的强制执行权由行政机关调整为司法机关。

原《拆迁条例》第16条规定：“……达不成拆迁补偿安置协议的，经当事人申请，由房屋拆迁管理部门裁决。当事人对裁决不服的，可以自裁决书送达之日起3个月内向人民法院起诉。拆迁人依照本条例规定已对被拆迁人给予货币补偿或者提供拆迁安置用房、周转用房的，诉讼期间不停止拆迁的执行。”该条例第17条规定：“被拆迁人或者房屋承租人在裁决规定的搬迁期限内未搬迁的，由房屋所在地的市、县人民政府责成有关部门强制拆迁……”这两条规定变相成为暴力强拆合法化的依据，由于在执行过程中出现的不良效应，《征收与补偿条例》取消了行政裁决，且只有在被征收人自己不主动申请行政复议或者提起行政诉讼的情况下，在补偿决定规定的期限届满后才能申请人民法院强制执行。申请强制执行的主体不再是“房屋拆迁管理部门”，而是市、县政府本身。有权强制执行的主体也不再是“市、县人民政府责成有关部门”或者人民法院，而只能是人民法院，其余任何单位、个人都无权强制执行。

这一制度变化的意义在于对依法行政提出了更高的要求并制度化。这将促使房屋征收行为发生根本性改变，从以往重效率，转向重公平和公正，将明显影响建设项目的建设周期和建设成本。

第八节　“城中村改造”的相关法律问题

一、“城中村改造”的性质

“城中村”是指在城市建成区范围内，仍然保留农村体制，使用集体土地，以村民委员会为组织形式的行政居住村落。城中村是我国大陆在工业化和城市化进程中，基于土地的二元所有制结构和长期以来实行的城乡二元化社会管理方式所产生的一种独特社会现象。由此决定，我国“城中村”改造就是通过对这些都市里的村庄进行城市化改造，从而实现“农民转居民、村庄变社区、集体土地变国有土地、集体经济转混合经济”的“四个转变”。

从法律性质上来说，“城中村改造”过程中的房屋征收拆迁与城市房屋征收拆迁存在质的区别。因为，从行政建制上来讲，“城中村”仍然是村，其土地属于集体所有制而不是国有土地。由于其改造过程与城市改造联系紧密，故而将这部分内容列入本章。

二、“城中村改造”的模式

从全国范围来看，目前“城中村改造”的方式虽各不相同，但是，从改造主体的角度审视，不外乎四种，即政府改造模式，村民自我改造模式，以村民、开发商为主体的半市场化改造模式和以开发商为主体的市场化改造模式。

“城中村改造”的主要模式有自主改造模式和市场运作模式。自主改造模式，是指由城中村村民通过民主协商、集体讨论的形式决定有关本村改造的所有方案，并通过自筹资金、自行补偿、自我安置的原则完成自我改造任务。村民自主改造模式一般由村集体经济实体（即村集体企业）实施，并通过转让、出租或经营建成的房产获利偿还自筹的资金及作为村民未来的生活保障。由于自主改造的模式需要村集体有较强的经济实力，这样的城中村相对来说数量较少。目前，全国各地“城中村改造”的主流模式为市场运作模式，即开发企业主导的改造模式，地方政府出台本地区的“城中村改造”政策，将开发用地和安置补偿用地捆绑成项目，并以未来可得的土地出让净收益返还和各项税费减免的优惠条件吸引开发企业参与投资建设。开发企业通过公开出让方式获得开发经营性用地，同时，确定为城中村改造的主体资格后，通过自筹资金完成城中村村民住宅的拆迁补偿、村民回迁安置等工作。

三、“城中村改造”的原因

由于历史和管理体制等原因，城中村规划管理无序，布局结构混乱，基础设施缺失，环境卫生、消防安全、治安计生等问题突出，道路泥泞、污水横流、垃圾成堆、供水电力通信杂乱等现象严重，极大地降低了居民的生活质量，影响了城市的整体面貌。“城中村改造”是改善人居环境、提升城市品位、推进城市化进程的必由之路，是建设文明、生态、和谐、宜居城市的重要途径。“城中村改造”后将会给居民带来如下益处：

（一）环境的改变

进行城中村规划和建设，改进了规划布局结构，各种市政配套设施可以与城市衔接配套，其绿化、净化、美化均达到人居要求。

（二）房产价值的改变

通过改造，城中村的建筑形制将发生根本的改变。依托于城市多样化的经济运作形态，土地的利用价值也将得到提升。如果通过土地征收，住宅转变为证件齐全的商品房。这些房产可以进行自住、租赁或出售，提高经济收入。

（三）居民个人收入的改变

“城中村改造”后将成为功能齐全的综合区域，蕴含着巨大商机，将会给安置在该区域内的居民提供就业岗位，同时为居民从事第三产业提供良好的区位优势，居民收入将得到提高。由于环境的改变、住房条件的改变、区域优势及房产价值的提升、居住人群层次的提高，将会使居民的生活习惯、文化层次和经营方式得到改变，从而使居民的经济收入、文明程度、生活质量得到提高。

四、“城中村改造”的基本程序——以广州市“城中村改造”程序为例

由于目前对于“城中村改造”除了土地征收的相关法律法规之外，没有全国统一规定，因此各地的改造程序存在差异，本书无法逐一进行详解。故本书仅以广州市“城中村改造”的基本流程为例进行介绍。

（一）编制规划方案阶段

1. 现状摸查

由区政府组织村集体组织对改造范围现状摸查，内容包括：（1）社会现状：人口规模（本村、非本村居民数及人数）、村民及集体收入状况、社保状况、城中村改制状况；（2）用地现状：国有土地、集体土地（农用地、建设用地等）、土地利用性质（居住用地、公共服务设施用地、市政设施用地）；（3）权属状况：土地权属（合法、违法）、房屋权属（合法权属、违法建筑）；（4）建筑物现状：总量、分类建筑面积等；（5）留用地指标落实情况；（6）文物、历史文化街区、有保留价值的建筑、古树名木等；（7）现状历史资料：图片、影像等。

2. 确定改造规划范围和改造范围

区政府根据摸查和改造需要初步定改造规划范围和改造范围，广州市“三旧”改造工作办公室（所谓“三旧”是指旧城、旧厂、旧村）依据区政府提出的初步方案、最终确定改造规划范围和改造范围。

3. 编制改造方案

区政府依据“三旧”改造规划指引、市“三旧”改造规划及年度实施计划、土地利用总体规划、城乡规划等组织编制改造方案。方案内容包括：（1）现状摸查情况，如土地利用现状、土地利用规划、现行城乡规划、房屋权属及用途等情况（区国土分局书面证明）；（2）拆迁安置补偿方案，如补偿安置原则、基准面积、改造成本、回迁时序等；（3）融资模式，如公开出让（明确是否捆绑安置房建设）、自主改造、整体搬迁等；（4）资金平衡、筹措、运作方案；（5）规划方案，达到修建性详细规划深度，明确规划内容

和规划控制要求，涉及控规调整的、应编制控规更改或调整专章；（6）改造计划和建设实施步骤；（7）土地转性范围和规模；（8）违法用地与留用地指标证明文件（市国土局出具）。

（二）改造方案审批阶段

1. 批复改造方案

方案经村集体组织80%以上成员同意，由区政府审核后，报市“三旧”办审批；涉及完善征收用地手续及超出“三旧“改造规划指引控制的，报市“三旧”办领导小组审议。

2. 用地预审

使用新增建设用地的，村委持市“三旧”办批复的改造规划核定的用地红线、界址坐标向区国土局用地初审后报市“三旧”办，由市“三旧”办出具初审意见。

3. 用地报批

这里分为两种类型，一是原为农业用地，需要先征收为国有土地后办理农用转建设用地手续；二是原为村集体建设用地，可直接转化为国有建设用地。对于前者，由村委会按用地要求向区国土局申请，由区国土局拟订方案，报市国土局审核，再报有审批权的人民政府批准。有审批权的人民政府批准后，市国土局出具用地批复意见。对于后者还要根据改造宗地是否处于土地利用总体规划确定的建设用地范围内，再分为两种类型：位于确定的建设用地范围内的土地，由村集体同时提交转为国有土地的申请，附上村民表决情况，上报市“三旧”办审核；位于确定的建设用地范围之外的土地，提交政府储备申请，然后根据是否属于登记在册的138个“城中村”，然后办理相应的征地报批手续。

（三）·改造组织实施阶段

对用于安置原村民所需的安置房项目土地，基本流程如下：

村委会凭市“三旧”办的批复意见向区发改委申请项目立项备案，领取广东省企业基本建设投资项目备案证，村委凭市“三旧”办批复的改造规划向规划部门申请建设用地规划许可证，再凭建设用地规划许可证向市国土局申领《建设用地批准书》。待改造监控金存入区政府指定账户后，由区政府发布拆迁通告和拆迁许可证，由村集体经济组织实施拆迁。拆迁完毕后，村委会凭建设用地规划许可证、《建设用地批准书》、拆迁完成证明文件向市国土局申办土地权属登记，领取国有土地使用证或集体土地使用证，而后村委向规划部门申领建设工程规划许可证和建设工程施工许可证便可开始施工了。

为筹集改造所需资金而用于融资的建设项目土地，可以分为公开出让或自主改造协议两种模式融资。公开出让的基本流程是：村委会编制出让报告，经区政府同意后报市“三旧”办，市“三旧”办报市国土局——市“三旧”办根据村委会的申请报告和规划条件组织编制公开出让方案和出让合同——市“三旧”办公开出让方案——市三旧办公开出让公告及合同样本委托土地交易机构组织实施公开出让——用地单位与市国土局签订《国有建设用地使用权出让合同》——将改造监控金存入区政府指定账号后，区政府发布拆迁通告和拆迁许可证，村委会组织拆迁——用地单位凭《国有建设用地使用权出让合同》、出让金等土地有偿使用费用支付凭证、拆迁完成证明文件向国土局申请土地登记，领取国有土地使用证——用地单位向发改委申请项目立项——用地单位凭《国有建设用地使用权出让合同》和项目核准或备案文件向规划部门申领建设用地规划许可证。

自主改造协议出让的基本流程是：由村委成立全资子公司自主开发——向区发改部门申请项目立项备案手续，领取广东省企业基本建设投资项目备案证——村委或其全资子公司向规划部门申领建设用地规划许可证——村委会编制报告申请协议出让土地，经区政府同意后报市“三旧”办，市“三旧”办报市国土局——办理土地有偿使用手续和建设用地批准书——发布拆迁通告和拆迁许可证——凭《国有建设用地使用权出让合同》、建设用地批准书、拆迁完成证明文件向市国土局申请土地登记，领取国有土地使用证。

对于独立的公共设施和公益用地的基本流程是：用地单位向发改部门申请项目立案备案手续，领取广东省企业基本建设投资项目备案证——用地单位向规划部门申领建设用地规划许可证——用地单位凭建设用地规划许可证向市国土局申领建设用地批准书——发布拆迁公告——用地单位凭建设用地规划许可证、《建设用地批准书》、拆迁完成证明文件向市国土局申请，领取国有土地使用证或集体土地使用证——用地单位向规划部门申领建设工程规划许可证——用地单位向建设部门申请建设工程施工许可证。

【典型案例】

案例一①：

原告：侯某某。

原告：刘某某。

原告：于某某。

原告：潘某某。

被告：辽源市南康房屋管理处（以下简称“房管处”）。

被告：辽源市龙山五建公司房地产开发公司（以下简称“开发公司”）。

原告侯某某等四人诉称，1982 年原告依法取得现有房屋使用权，被告开发公司动迁开发位于市联贸大厦对面的门市营业房。原告四人所取得的门市房系依法有偿取得。根据《辽源市人民政府令》第 27 号令第 3 条的规定，原告应当是被告开发公司在动迁原告使用的营业房时的被动迁人，被告开发公司应当与原告签订动迁安置协议，而被告房管处非法越权与被告开发公司恶意串通于 2001 年 3 月 21 日签订动迁安置协议，于 2001 年 3 月 21 日签订了《房产 8205-2 号、3 号、4 号直管产拆迁安置协议书》，该协议第 1 条严重地侵害了原告的合法权益，原告得知权利被侵害后多次找被告交涉至今无果，故向法院提起诉讼。

原告举证如下：

（1）《房产 8205-2 号、3 号、4 号直管产拆迁安置协议书》，证明二被告对原告实施侵权行为。

（2）房产使用证及营业执照，证明原告取得使用权是有偿依法取得的。

（3）照片两张，证明原告房屋未拆前的结构及经营状况。

① 案例选取自《法律司法解释指导案例精编——房屋拆迁、征地安置补偿》，中国法制出版社 2011 年版，第 182 页。

被告房管处辩称：

(1) 直管产拆迁安置协议书是双方根据市安置拆迁安置实施办法拆迁国有住宅房屋及国有非住宅房屋有关规定签订的，主要目的是保证国有资产不流失。

(2) 在研究该拆迁国有非住宅回迁安置时产权单位意见非常明确，原地点、原面积回迁，在回迁一楼直管产门市房时，五建开发公司提出规划及设计图纸没有对外门市房，只有大门，一至五层为商场，由于一层大厅东侧设计两个商场通道门，公用通道面积较大，使用面积较小，不利于安置1 000多平方米的回迁。

被告开发公司辩称：

(1) 本案的诉讼主体错误，发生拆迁安置纠纷的房屋8205-2号、3号、4号，属直管房，其房权所有人是辽源市房产局，具体的管理部门是房管处，而侯某某等原告仅为房屋使用权证持有人，故拆迁人与产权人所签的拆迁安置协议是合法有效的，而原告以该协议第1条无效为由起诉，其诉讼主体显然并非原告人，因此本案的原告不具备主体资格。

(2) 原告并非安置对象，安置的对象应该是依法取得合法使用权的使用人，而本案原告虽然曾取得过房屋使用权，但由于原告（除潘某某）未经产权所有人允许擅自进行二次出租，其行为是非法无效行为，由于这种非法无效行为导致了实际使用人已变成二次承租者，进而也使使用人的合法性发生了变化，因此拆迁人与产权人已签订的产权调换协议是合法有效的。

(3) 至于产权人是否承诺，对原告予以安置，拆迁人不可否认。

被告开发公司举证如下：

(1) 被告开发公司与实际使用人所签的协议，证明原告二次转租，被告给实际使用人补偿安置了；

(2) 原告四人的户籍证明，证明除原告侯某某外其余原告均不在南康街居住。

案例二①：

原告：宣某某等18人。

被告：浙江省衢州市国土资源局（以下简称“国土局”）。

第三人：中国建设银行衢州市分行（以下简称“衢州分行”）。

原告系衢州市柯城区卫宁巷1号（原14号）衢州府山中学教工宿舍楼的住户。2002年12月9日，衢州市发展计划委员会根据第三人的报告，经审查同意第三人衢州分行在原有的营业综合大楼东南侧扩建营业用房建设计划。同时，衢州市规划局制定建设项目选址意见，同意衢州分行自行收购、拆除占地面积205平方米的府山中学教工住宅楼，改建为露天停车场，具体按规划详图实施。同月18日，衢州市规划局又规划出第三人扩建营业用房建设用地平面红线图。同月20日，衢州市规划局发出建设用地规划许可证，衢州分行建设项目用地面积756平方米。2002年12月25日，国土局建议收回衢州府山中学教工宿舍楼的住户国有土地使用权187.6平方米。2002

① 案例摘取自《最高人民法院公报》2004年第4期。

年12月31日，国土局作出〔2002〕37号《收回国有土地使用权通知》，并向各原告告知收回土地使用权的内容及诉权等，该通知虽然说明了行政决定所依据的法律名称，但没有对所依据的具体法律条款予以说明。

【重要法条链接】

1.《中华人民共和国物权法》

第四条 国家、集体、私人的物权和其他权利人的物权受法律保护，任何单位和个人不得侵犯。

第四十二条 为了公共利益的需要，依照法律规定的权限和程序可以征收集体所有的土地和单位、个人的房屋及其他不动产。

第四十七条 城市的土地，属于国家所有。法律规定属于国家所有的农村和城市郊区的土地，属于国家所有。

第五十八条 集体所有的不动产和动产包括：

（一）法律规定属于集体所有的土地和森林、山岭、草原、荒地、滩涂；

（二）集体所有的建筑物、生产设施、农田水利设施；

（三）集体所有的教育、科学、文化、卫生、体育等设施；

（四）集体所有的其他不动产和动产。

第五十九条 农民集体所有的不动产和动产，属于本集体成员集体所有。

第六十条 对于集体所有的土地和森林、山岭、草原、荒地、滩涂等，依照下列规定行使所有权：

（一）属于村农民集体所有的，由村集体经济组织或者村民委员会代表集体行使所有权；

（二）分别属于村内两个以上农民集体所有的，由村内各该集体经济组织或者村民小组代表集体行使所有权；

（三）属于乡镇农民集体所有的，由乡镇集体经济组织代表集体行使所有权。

2.《国有土地上房屋征收与补偿条例》

第二条 为了公共利益的需要，征收国有土地上单位、个人的房屋，应当对被征收房屋所有权人（以下称被征收人）给予公平补偿。

第四条 市、县级人民政府负责本行政区域的房屋征收与补偿工作。

市、县级人民政府确定的房屋征收部门（以下称房屋征收部门）组织实施本行政区域的房屋征收与补偿工作。

市、县级人民政府有关部门应当依照本条例的规定和本级人民政府规定的职责分工，互相配合，保障房屋征收与补偿工作的顺利进行。

第五条 房屋征收部门可以委托房屋征收实施单位，承担房屋征收与补偿的具体工作。房屋征收实施单位不得以营利为目的。

房屋征收部门对房屋征收实施单位在委托范围内实施的房屋征收与补偿行为负责监督，并对其行为后果承担法律责任。

第八条 为了保障国家安全、促进国民经济和社会发展等公共利益的需要，有下列情形之一，确需征收房屋的，由市、县级人民政府作出房屋征收决定：

（一）国防和外交的需要；

（二）由政府组织实施的能源、交通、水利等基础设施建设的需要；

（三）由政府组织实施的科技、教育、文化、卫生、体育、环境和资源保护、防灾减灾、文物保护、社会福利、市政公用等公共事业的需要；

（四）由政府组织实施的保障性安居工程建设的需要；

（五）由政府依照城乡规划法有关规定组织实施的对危房集中、基础设施落后等地段进行旧城区改建的需要；

（六）法律、行政法规规定的其他公共利益的需要。

第九条 依照本条例第八条规定，确需征收房屋的各项建设活动，应当符合国民经济和社会发展规划、土地利用总体规划、城乡规划和专项规划。保障性安居工程建设、旧城区改建，应当纳入市、县级国民经济和社会发展年度计划。

制定国民经济和社会发展规划、土地利用总体规划、城乡规划和专项规划，应当广泛征求社会公众意见，经过科学论证。

第十条 房屋征收部门拟定征收补偿方案，报市、县级人民政府。

市、县级人民政府应当组织有关部门对征收补偿方案进行论证并予以公布，征求公众意见。征求意见期限不得少于30日。

第十三条 市、县级人民政府作出房屋征收决定后应当及时公告。公告应当载明征收补偿方案和行政复议、行政诉讼权利等事项。

市、县级人民政府及房屋征收部门应当做好房屋征收与补偿的宣传、解释工作。

房屋被依法征收的，国有土地使用权同时收回。

第十四条 被征收人对市、县级人民政府作出的房屋征收决定不服的，可以依法申请行政复议，也可以依法提起行政诉讼。

第十七条 作出房屋征收决定的市、县级人民政府对被征收人给予的补偿包括：

（一）被征收房屋价值的补偿；

（二）因征收房屋造成的搬迁、临时安置的补偿；

（三）因征收房屋造成的停产停业损失的补偿。

市、县级人民政府应当制定补助和奖励办法，对被征收人给予补助和奖励。

第十九条 对被征收房屋价值的补偿，不得低于房屋征收决定公告之日被征收房屋类似房地产的市场价格。被征收房屋的价值，由具有相应资质的房地产价格评估机构按照房屋征收评估办法评估确定。

对评估确定的被征收房屋价值有异议的，可以向房地产价格评估机构申请复核评估。对复核结果有异议的，可以向房地产价格评估专家委员会申请鉴定。

第二十条 房地产价格评估机构由被征收人协商选定；协商不成的，通过多数决定、随机选定等方式确定，具体办法由省、自治区、直辖市制定。

房地产价格评估机构应当独立、客观、公正地开展房屋征收评估工作，任何单位和个人不得干预。

第二十六条 房屋征收部门与被征收人在征收补偿方案确定的签约期限内达不成补偿

协议，或者被征收房屋所有权人不明确的，由房屋征收部门报请作出房屋征收决定的市、县级人民政府依照本条例的规定，按照征收补偿方案作出补偿决定，并在房屋征收范围内予以公告。补偿决定应当公平，包括本条例第二十五条第一款规定的有关补偿协议的事项。被征收人对补偿决定不服的，可以依法申请行政复议，也可以依法提起行政诉讼。

第二十七条 实施房屋征收应当先补偿、后搬迁。

作出房屋征收决定的市、县级人民政府对被征收人给予补偿后，被征收人应当在补偿协议约定或者补偿决定确定的搬迁期限内完成搬迁。

任何单位和个人不得采取暴力、威胁或者违反规定中断供水、供热、供气、供电和道路通行等非法方式迫使被征收人搬迁。禁止建设单位参与搬迁活动。

◎思考题：

1. 《国有土地上房屋征收与补偿条例》相较于《城市房屋拆迁管理条例》有哪些较大的变化？
2. 拟征收范围内的居民对征收决定有异议可采取什么办法提出异议？
3. 请简述城市房屋征收与补偿的基本程序。

第六章　建设用地规划许可证的核发

【本章导读】

建设用地规划是国家控制城镇建筑整体空间布局，确保各区域功能划分有序，提升城镇建筑品位的一项重要措施。建设用地规划许可证则是证明建设开发项目占地范围符合政府控制目标的一种证书。该证书在房地产开发流程的初始阶段占据重要的地位，因此不了解该证书的取得过程，就无法正常开展房地产开发。本章主要介绍了建设用地规划许可证的作用、适用对象、审批部门和审批程序等内容。

第一节　建设用地规划许可证的核发

【问题引入】

老李所在的村经过“城中村改造”被并入某市，他的儿子马上就要结婚了，老李琢磨着在自己原来的老房子基础上加盖一层，用做儿子的婚房。老李的邻居老王说，扩建房子要到规划管理部门领取建设用地规划许可证，老李从没听说过这个东西，心想在自家房子上改建还需要别人批准吗？

问题：老李家改建房子需要领取建设用地规划许可证吗？

房地产开发建设单位在城市、镇规划区内以划拨方式提供国有土地使用权的建设项目，在规划部门领取建设项目选址意见书并经立项部门批准、核准、备案后，依据控制性详细规划核定建设用地的位置、面积、允许建设的范围，核发建设用地规划许可证；在城市、镇规划区内以出让方式提供国有土地使用权的，在签订国有土地使用权出让合同后，建设单位应当持建设项目的批准、核准、备案文件和国有土地使用权出让合同，向城市、县人民政府城乡规划主管部门领取建设用地规划许可证。也就是说，以出让方式取得国有土地使用权建设项目，在签订国有土地使用权出让并立项之后，直接领取建设用地规划许可证。

一、建设用地规划许可证的概念和作用

（一）建设用地规划许可证的概念

建设用地规划许可证，又称“建设用地许可证”，是指建设单位在向土地管理部门申请用地之前，经城乡规划行政主管部门确认建设项目的位置、面积、允许建设的范围，提供规划设计条件的法定凭证。

（二）建设用地规划许可证的作用

建设项目建设用地规划许可证是建设项目规划管理的一个重要环节，其作用在于确保土地利用符合城市规划，维护建设单位按照规划用地的合法权益，也为土地管理部门行使管理职能提供必要的依据。

二、建设用地规划许可证的审批主管部门和适用情形

（一）建设用地规划许可证的审批主管部门

根据《城乡规划法》第 37 条和第 38 条的规定，在城市、镇规划区内以划拨方式提供国有土地使用权或者以出让方式提供国有土地使用权的，建设单位应当向城市、县人民政府城乡规划主管部门申请核发和申请领取建设用地规划许可证，即县级以上人民政府城乡规划主管部门为建设用地规划许可证的核发主管部门。

（二）建设用地规划许可证适用的情形

在城市、镇规划区内实施下列事项，必须向建设用地规划许可证主管部分申请建设用地规划许可证：

（1）在城市、镇规划区内新建、扩建及改建建筑物、构筑物、道路、管线和其他工程设施的建设单位需要使用土地的；

（2）建设单位因建设需要改变土地使用性质的。

三、建设用地规划许可证的管理

（一）划拨土地的建设用地规划许可证的管理

《城乡规划法》第 37 条规定："在城市、镇规划区内以划拨方式提供国有土地使用权的建设项目，经有关部门批准、核准、备案后，建设单位应当向城市、县人民政府城乡规划主管部门提出建设用地规划许可申请，由城市、县人民政府城乡规划主管部门依据控制性详细规划核定建设用地的位置、面积、允许建设的范围，核发建设用地规划许可证。建设单位在取得建设用地规划许可证后，方可向县级以上地方人民政府土地主管部门申请用地，经县级以上人民政府审批后，由土地主管部门划拨土地。"

从这一规定可以看出，建设单位在取得划拨土地之前，首先应该向城乡规划主管部门申请建设用地规划许可证。城乡规划主管部门进行建设用地规划许可的依据是该地块的控制性详细规划。建设单位在取得建设用地规划许可证后，方可向县级以上地方人民政府土地主管部门申请用地，经县级以上人民政府审批后，由土地主管部门划拨土地。其基本程序应该是：已获批准控制性详细规划——取得建设用地规划许可证——申请土地——划拨土地。

（二）出让土地的建设用地规划许可证的管理

《城乡规划法》第 38 条规定："在城市、镇规划区内以出让方式提供国有土地使用权的，在国有土地使用权出让前，城市、县人民政府城乡规划主管部门应当依据控制性详细规划，提出出让地块的位置、使用性质、开发强度等规划条件，作为国有土地使用权出让合同的组成部分。未确定规划条件的地块，不得出让国有土地使用权。以出让方式取得国有土地使用权的建设项目，在签订国有土地使用权出让合同后，建设单位应当持建设项目

的批准、核准、备案文件和国有土地使用权出让合同，向城市、县人民政府城乡规划主管部门领取建设用地规划许可证。城市、县人民政府城乡规划主管部门不得在建设用地规划许可证中，擅自改变作为国有土地使用权出让合同组成部分的规划条件。”

从这个规定可知，出让土地的规划管理可以分为两个部分：首先是针对国有土地出让合同进行的规划管理。在城市、镇规划区内以出让方式提供国有土地使用权的，在国有土地使用权出让前，城市、县人民政府城乡规划主管部门应当依据控制性详细规划，提出出让地块的位置、使用性质、开发强度等规划条件，作为国有土地使用权出让合同的组成部分。未确定规划条件的地块，不得出让国有土地使用权。其次是核发建设用地规划许可证。以出让方式取得国有土地使用权的建设项目，在签订国有土地使用权出让合同后，建设单位应当持建设项目的批准、核准、备案文件和国有土地使用权出让合同，向城市、县人民政府城乡规划主管部门领取建设用地规划许可证。从以上可以看出，在划拨国有土地使用权规划管理中用的是“核发建设用地规划许可证”，而这里用的是“领取建设用地规划许可证”，是因为在出让土地的情形下，相关地块的规划条件已体现在出让合同中，规划主管部门所需要做的工作是确认这些规划条件是否已经依法写入出让合同，建设用地规划许可证只是一个确认的形式，因此不存在实质性审查，法律为了简化程序，尽量便利当事人，规定了领取建设用地规划许可证的要求。

由于建设用地规划许可证是对国有土地使用权出让合同规划条件的确认，因此建设用地规划许可证中写明的规划条件和国有土地使用权出让合同中的规划条件就应当严格一致。城市、县人民政府城乡规划主管部门不得在建设用地规划许可证中，擅自改变作为国有土地使用权出让合同组成部分的规划条件。

（三）规划许可证对土地的出让和划拨效力的影响

《城乡规划法》第39条规定：“规划条件未纳入国有土地使用权出让合同的，该国有土地使用权出让合同无效；对未取得建设用地规划许可证的建设单位批准用地的，由县级以上人民政府撤销有关批准文件；占用土地的，应当及时退回；给当事人造成损失的，应当依法给予赔偿。”

依据该规定，规划条件和建设用地规划许可证分别影响着国有土地使用权的出让和划拨的有效性。根据《城乡规划法》第38条的规定，在国有土地使用权出让前，城市、县人民政府城乡规划主管部门应当依据控制性详细规划，提出出让地块的位置、使用性质、开发强度等规划条件，作为国有土地使用权出让合同的组成部分。如果规划条件未纳入国有土地使用权出让合同的，该国有土地使用权出让合同无效。合同无效是合同的当然无效、绝对无效和自始无效，不需要专门的机关进行宣告，当事人对无效的结果一般也无法进行补救，无效的效果追溯到合同签订之时。所以说，未将规划条件纳入国有土地使用权出让合同是一种后果非常严重的行为。

无论是合同无效，还是撤销有关批准文件，都会导致建设单位无法得到国有土地使用权。因此，建设单位已经占用土地的，应当及时退回；由于政府违法行为造成建设单位无法取得国有土地使用权，确实给当事人造成损失的，国家应依法给予赔偿。①

---

① 《城乡规划法要点解答》编写组：《城乡规划法要点解答》，法律出版社2007年版，第44~45页。

第二节　核发或领取建设用地规划许可证的条件

【问题引入】

某大型国有煤矿企业以划拨方式取得了一块采矿区的国有建设用地使用权，但由于粉尘污染问题没有采取有力的措施加以解决，未取得环境保护部门的环评报告。为了不拖延施工的进度，该企业采取了一边建设厂房，一边继续申请规划许可证的办法。

问题：该企业的做法是否合法？申请核发建设用地规划许可证的条件是什么？

一、以出让方式取得国有土地使用权的建设项目

以出让方式取得国有土地使用权的建设项目，即通过招标、拍卖、挂牌方式取得建设用地使用权的建设项目，申请领取建设用地规划许可证应符合以下条件：

（1）符合城市规划；

（2）取得建设用地使用权出让合同。

二、以划拨方式取得建设用地使用权的建设项目

以划拨方式取得国有土地使用权的建设项目，申请领取建设用地规划许可证应符合以下条件：

（1）符合城市规划；

（2）取得建设过程选址意见书及红线图，并满足其相关要求；

（3）通过环境影响评价及环保部门的审查；

（4）取得相关部门的书面审查意见（限涉及国家安全、消防、文物保护等部门的建设项目）；

（5）取得政府的用地批准文件；

（6）通过方案（修建性详细规划）审查；

（7）取得投资行政主管部门的立项审批、核准文件（限需要投资行政主管部门的立项审批、核准的建设项目）。

第三节　申请核发或领取建设用地规划许可证应提交的文件

申请核发或领取建设用地规划许可证应根据土地是划拨还是出让，而分别提交不同的文件。

一、以出让方式取得建设用地使用权的建设项目

以出让方式，即通过招标、拍卖、挂牌方式取得建设用地使用权的建设项目，申请领取建设用地规划许可证应提交以下材料：

（1）书面申请（原件1份）；

（2）申请人身份证明材料（复印件1份，核原件）；

（3）建设用地使用权出让合同（复印件1份，核原件）；

（4）法律法规规定需要的其他材料（1份）。

二、以划拨方式取得建设用地使用权的建设项目

以划拨方式，即非通过招标、拍卖、挂牌方式取得建设用地使用权的建设项目，申请领取建设用地规划许可证应提交以下材料：

（1）书面申请（原件1份）；

（2）申请人身份证明材料（复印件1份，核原件）；

（3）建设工程选址意见书（复印件1份，核原件）；

（4）环境影响评价报告（限对环境有影响的工业等项目）及环保部门的审查意见（复印件1份，核原件）；

（5）相关部门的书面审查意见（限涉及国家安全、消防、文物保护等部门的项目）（复印件1份，核原件）；

（6）建设用地批准文件（复印件1份，核原件）；

（7）建设项目可行性研究报告审批文件或企业投资项目核准文件（限需投资行政主管部门审批、核准的建设项目）（原件1份）；

（8）方案（修建性详细规划）设计图（含室外综合管线方案设计，加盖设计资质印章，原件2份，附电子文档）；

（9）彩色渲染图和建筑模型（限主要地段、重要节点及大型项目）（原件2份）；

（10）法律法规规定需要的其他材料（1份）。

三、核发或领取建设用地规划许可证的程序——以重庆和南京核发程序为例

根据《行政许可法》和《城乡规划法》的相关规定，核发或领取建设用地规划许可证的程序主要包括：申请与受理、审查与决定、公布与颁发。各地在办理具体程序上根据当地的实际情况做了大体相同的规定，这里以重庆市规划局和南京市规划局核发或领取建设用地规划许可证的程序为例，对整个程序予以介绍。

（一）重庆市规划局审批建设用地规划许可证的流程

1. 申请与受理

（1）申请人按窗口公示的办理要求，到分局窗口递交申请材料；

（2）窗口工作人员负责对申请材料核对、登记，履行交接手续，1日内转交分局经办人；

（3）区分局经办人验核申请材料后，提交区分局业务办公会审核。区分局业务办公会5日内作出受理、不予受理或要求补正申请材料的决定，并在窗口公示。同意受理并需协办部门审批的，同时确定协办部门。

同意受理的，向申请人核发重庆市规划局建设用工程规划许可申请受理复函；不予受理的，向申请人核发重庆市规划局建设工程规划许可申请不予受理复函；要求补正申请材

料的，向申请人核发重庆市规划局建设工程规划许可申请补正材料复函，一次性告知申请人需要补正的全部材料。逾期不告知的，自收到申请材料之日起即为受理。

2. 审查与决定

（1）通过出让方式取得国有土地使用权的建筑工程。

① 对通过出让方式取得国有土地使用权的建筑工程，在办理重庆市建设工程选址意见书的同时，直接办理重庆市建设用地规划许可证及其附图，由各区分局分管负责人签发；

② 通过出让方式取得国有土地使用权的建筑工程，在办理重庆市建设用地规划许可证后，仍需进行规划设计方案审查，其申请材料、办理时限及程序可参见招标、拍卖、挂牌项目方案审查的有关规定。

（2）非通过出让方式取得国有土地使用权的建筑工程。

① 市局管理建筑工程（市局审查、分局办理）

同意受理的，区分局经办人综合有关材料（综合管理方案设计需综合论证的，包括论证结论），草拟建管会审表和经办意见，2 日内提交区分局业务办公会审查；

区分局业务办公会负责初审建管会审表和经办意见，拟定初步意见，3 日内提交建管会审查；

建管会审查同意的，由区分局办理方案审查意见（修建性详细规划的批复）及其附图，同时核发重庆市建设用地规划许可证及其附图；建管会审查不同意的，由区分局办理方案审查复函。

② 区分局管理建筑工程（分局审查、分局办理）

同意受理的，区分局经办人综合有关资料、草拟建管会审表和经办意见，2 日内提交区分局业务办公会审查；

区分局业务办公会审查同意的，办理方案审查意见（修建性详细规划的批复）及其附图，同时核发重庆市建设用地规划许可证及其附图；区分局业务办公会审查不同意的，办理方案审查复函。

3. 公布与颁发

行政许可决定的书面文件应在规定的办理期限届满前完成内部审签，并应自作出决定之日起 10 日内在窗口公布并向申请人颁发。其中不予许可的行政决定，应当书面说明理由，告知申请人依法享有申请行政复议或提起行政诉讼的权利。

（二）南京市规划局审批建设用地规划许可证的流程

南京市规划局审批建设用地规划许可按下列程序进行：

（1）建设单位报送规定的图件。

（2）收件窗口对符合报建要求的发给南京规划局行政许可受理通知书和南京市规划局行政许可申请材料接收凭证，所报项目进入审批环节；对不符合条件的发给南京市规划局行政许可不予受理通知书；需补正材料的，当场或 5 日内发给南京市规划局行政许可补正材料通知书。

（3）对行政许可申请进行审查。

（4）符合许可条件的，发给建设用地规划许可证；不符合条件的，发给南京规划局不予行政许可决定书。

(5) 通知建设单位到窗口取件。

第四节 核发建设用地规划许可证的机关与办理时限

一、核发建设用地规划许可证的机关

根据城市、县人民政府规划主管部门的职责划分，对不同性质、不同规模的建设项目，分别由不同的规划主管部门核发建设用地规划许可证。各地对此规定略有不同，一般都根据建设项目是否为重点项目，项目的选址所处行政区域等因素来分配各规划主管部门之间的职权。例如，重庆市规划局只负责对处于建设工程分级管理区域表中市局管理区域内的建设工程，以及军事工程、超高层建设工程、市级及其以上重点建设工程（限列入国务院有关部门和市政府每年发布的重点建设工程名录的建设工程）、市局相关文件确定由市局管理的建设工程核发建设用地规划许可证，其余工程由各区分局负责核发该证。

二、建设用地规划许可证的时限

（一）核发建设用地规划许可证的时限

1. 时限

对建设项目的建设用地规划许可应自同意受理之日起 20 个工作日内作出决定；不能在这个期限内作出的，经有决定权的规划主管部门负责人批准可以延长 10 个法定工作日，并应当将延长期限的理由告知申请人。

2. 不列入审批时限的情形

在作出用地规划许可决定前，须由上级机关审批，听证、中介机构评估、提请专家评审所需时间不计入规划许可办理期限。因上述原因中止办理，应给申请人发出中止通知，恢复办理时，还应向申请人发出恢复通知。

（二）建设用地规划许可证的有效时间

建设单位在取得建设用地规划许可证后 3 个月内未取得建设用地批准文件，其建设用地规划许可证（含附件、附图）和建设工程选址意见书自行失效（不可抗力因素除外）。

【典型案例】①

原告周某某、林某某、赵某某、杨某某、高某某因不服名山县建设局城市规划管理行为，向法院提起诉讼。

一审法院认为被告名山县建设局向第三人刘某某发放规划许可证的行为，是按照《城市规划法》第 9 条的规定实施的职权行为，在审查第三人申请办理规划许可证时，按照《城市规划法》第 31 条和《四川省〈城市规划法〉实施办法》第 25 条的规定进行，其办证程序合法。但在分步实施“八五总体规划”方案过程中，存在统

① 案例摘自杨家学著：《房地产开发流程》，法律出版社 2010 年版，第 182 页。

一性考虑不周，造成后实施的规划影响先实施的规划。以至原告提出被告向第三人发放规划许可证和建筑许可证的规划管理行为，侵犯其采光、通风的权利。原告的采光、通风主张符合《民法通则》第83条的规定，其主张合理应予支持。被告向第三人发放规划许可证和建筑许可证的规划管理行为合法，但存在明显合理性问题，根据《最高人民法院关于执行〈中华人民共和国行政诉讼法〉若干问题的解释》第56条第2项之规定，判决驳回原告诉讼请求。

宣判后，五原告不服，提出“一审判决认定事实不清，证据不足，适用法律错误；被上诉人给第三人所颁发的建设规划许可证及施工许可证中确定的红线位置紧靠上诉人房屋，直接侵害了上诉人房屋建筑安全及通风、采光权；被上诉人的颁证行为严重违反《城市规划法》第23条、第30条及《城市居住区规划设计规范》、《建筑消防安全规范》中对房屋间距的具体规定；在一审审理过程中，被上诉人未在法定时间提供作出颁证行为时的证据和依据；望撤销一审判决，依法确认被上诉人为第三人颁发的建设规划许可证及施工许可证违法”的上诉理由。其委托代理人也提出相同的代理意见。

名山县建设局答辩称：在一审答辩人举出了大量的证据和法律依据以证明其颁证行为是合法的。根据我国建设部《民用建筑设计通则》的规定，即“除城市规划确定的永久性空地外，紧接基地边界线的建筑不得向邻地方向设洞口、门窗、阳台、挑檐、废弃排出口及排泄雨水”名山县城总体规划图表明被答辩人的房屋开窗处的邻地是施工用地，非永久性空地。故被答辩人的房背后开窗行为是不符合该规范的规定，因此，其权利根本是不合法的，不应得到保护；被答辩人称答辩人的颁证行为是违反《城市规划法》第23条及第30条的基本原则，违反《城市居住区规划设计规范》及《建筑消防安全规范》中对房屋间距的具体规定，是不成立的。其委托代理人提出，上诉人的房背后开窗行为是不符合规范规定的，且也没有必要留有消防通路，第三人与上诉人之间的房屋是可毗连建筑的，也无必要留间距，故被上诉人向第三人的颁证合法，未损害上诉人的合法权益；被上诉人向第三人颁证符合名山县城总体规划的要求。

第三人及其委托代理人提出，名山县建设局向第三人刘某某发放的建筑规划许可证合法、有效，原告的诉讼主张不能成立，请依法驳回原告的诉讼请求。

二审法院经审理查明以下事实：名山县按照四川省建设委员会川建发［1988］175号文件的规定，对名山县进行了总体规划。上诉人周某某、林某某、赵某某等在1997年名山糖酒公司改制转让时取得了部分土地使用权，并向被上诉人名山县建设局申请办理建房，经被上诉人批准后，上诉人修建了一幢五层楼房。上诉人建房时因超过原申报的建筑面积，名山县建设局作出了违章建筑处罚决定：(1) 补办手续，缴纳规范；(2) 免予罚款。第三人刘某某于2001年3月2日取得名山糖酒公司部分土地使用权，该土地紧靠五原告房屋背后。2001年4月第三人刘某某向名山县建设局申请办理建房，名山县建设局于2001年4月17日向第三人刘某某发放建设工程规划许可代用证和建筑许可证。获得批准后，第三人在原告房屋后面开始修建一幢四层楼房（间距50cm左右）。在修建过程中，上诉人认为被上诉人的颁证行为直接侵害了其依法享有的采光、通风等相邻权，故提起行政诉讼。

二审法院认为，根据《城市居住区规划设计规范》的规定，即住宅间距，应以满足日照要求为基础，综合考虑采光、通风、消防、管线埋设、避免视线干扰等要求确定。上诉人与第三人的建房均属多层建筑，上诉人于1997年向名山县建设局申请办理建房手续时，被上诉人名山建设局应按县城总体规划审批。但被上诉人名山县建设局不仅给上诉人办理了建房手续，房屋修建后，又对其超建面积进行了补办手续的处罚。被上诉人在向第三人发放规划许可证和建设许可证时，应根据《城市居住区规划设计规范》的规定充分考虑相邻建筑之间的间距，故其颁证行为侵害了原告的合法权利。上诉人提出的上诉理由，应予支持。原判认定事实清楚，审判程序合法，但适用法律、法规错误。据此，依照《行政诉讼法》第61条第2项之规定，作出如下判决：

（1）撤销名山县人民法院（2001）名行初字第1号行政判决书；

（2）撤销名山县建设局向第三人颁发的名建（私）字第013号建筑许可证和建设工程规划许可证代用证。

（3）一审诉讼费2 000元由名山县建设局承担；二审案件受理费及其他诉讼费共计2 000元由名山县建设局承担。

【重要法条链接】

《中华人民共和国城乡规划法》

第三条　城市和镇应当依照本法制定城市规划和镇规划。城市、镇规划区内的建设活动应当符合规划要求。

县级以上地方人民政府根据本地农村经济社会发展水平，按照因地制宜、切实可行的原则，确定应当制定乡规划、村庄规划的区域。在确定区域内的乡、村庄，应当依照本法制定规划，规划区内的乡、村庄建设应当符合规划要求。

县级以上地方人民政府鼓励、指导前款规定以外的区域的乡、村庄制定和实施乡规划、村庄规划。

第三十七条　在城市、镇规划区内以划拨方式提供国有土地使用权的建设项目，经有关部门批准、核准、备案后，建设单位应当向城市、县人民政府城乡规划主管部门提出建设用地规划许可申请，由城市、县人民政府城乡规划主管部门依据控制性详细规划核定建设用地的位置、面积、允许建设的范围，核发建设用地规划许可证。

建设单位在取得建设用地规划许可证后，方可向县级以上地方人民政府土地主管部门申请用地，经县级以上人民政府审批后，由土地主管部门划拨土地。

第三十八条　在城市、镇规划区内以出让方式提供国有土地使用权的，在国有土地使用权出让前，城市、县人民政府城乡规划主管部门应当依据控制性详细规划，提出出让地块的位置、使用性质、开发强度等规划条件，作为国有土地使用权出让合同的组成部分。未确定规划条件的地块，不得出让国有土地使用权。

以出让方式取得国有土地使用权的建设项目，在签订国有土地使用权出让合同后，建设单位应当持建设项目的批准、核准、备案文件和国有土地使用权出让合同，向城市、县人民政府城乡规划主管部门领取建设用地规划许可证。

城市、县人民政府城乡规划主管部门不得在建设用地规划许可证中，擅自改变作为国有土地使用权出让合同组成部分的规划条件。

第三十九条　规划条件未纳入国有土地使用权出让合同的，该国有土地使用权出让合同无效；对未取得建设用地规划许可证的建设单位批准用地的，由县级以上人民政府撤销有关批准文件；占用土地的，应当及时退回；给当事人造成损失的，应当依法给予赔偿。

◎思考题：

1. 没有合法取得建设用地规划许可证会导致怎样的后果？

2. 我国设置建设用地规划许可制度的目的是什么？

3. 以出让方式取得建设用地使用权的建设项目办理建设用地规划许可证应提交哪些申报材料？

第七章 建设用地使用权证书的核发

【本章导读】

在我国对不动产物权实行登记主义，而登记后证明物权的外在权利载体便是证书。本章便是介绍国有建设用地使用权证书的相关知识。本章内容主要包括建设用地使用权证书的含义、主管部门、核发流程等。

第一节 建设用地使用权证书概述

《土地管理法实施条例》明确规定了我国实行土地登记发证制度，单位和个人依法使用国有土地的，由土地使用者向土地所在地的县级以上人民政府土地行政主管部门提出土地登记申请，由县级以上人民政府登记造册，核发国有土地使用权证书，确认其使用权。中央国家机关使用的国有土地的登记发证，由国务院土地行政主管部门负责，即按照国土资源部《在京中央国家机关用地土地登记办法》(以下简称《土地登记办法》)执行。

我国土地登记是将国有土地使用权、集体土地所有权、集体土地使用权和土地抵押权、地役权以及依照法律法规规定需要登记的其他土地权利记载于土地登记簿公示的行为。这里的国有土地使用权包括国有建设用地使用权和国有农用地使用权；集体土地使用权，包括集体建设用地使用权、宅基地使用权和集体农用地使用权（不含土地承包经营权）。建设用地使用权证书是国家确认建设用地使用权人享有建设用地使用权利的法律凭证和证明，除建设用地使用权证书外，《土地登记办法》还规定了国家核发的其他土地权利证书，包括国有土地使用权证、集体土地所有权证书、集体土地承包权证书和土地他项权利证明书。

《物权法》对建设用地使用权登记发证也做了规定，设立建设用地使用权的，应当向登记机构申请建设用地使用权登记。建设用地使用权自登记时设立，登记机构应当向建设用地使用权人发放建设用地使用权证书。建设用地使用权登记是指县级以上人民政府将土地的权属、用途、面积等基本情况登记在登记簿上，并向建设用地使用权人颁发使用权证书。建设用地使用权适用登记生效原则，经登记生效。

以划拨方式设立建设用地使用权的，根据目前的规定，当事人不需要签订土地使用权合同，国家通过“国有土地划拨决定书”的形式，将土地交给建设用地使用权人使用。但是，划拨土地也应按照以下规定办理登记手续：新开工的大中型建设项目使用划拨国有土地的，建设用地使用权人应当在接到县级以上人民政府发给的建设用地批准书之日起30日内，持建设用地批准书申请土地预告登记，建设项目竣工验收后，建设单位应当在该建设项目竣工验收之日起 30 日内，持建设项目竣工验收报告和其他相关文件申请建设用地使用权登记；其他项目使用划拨国有土地的，建设用地使用权人应当在接到县级以上人民政府批准用地之日起 30 日内，持批准用地文件申请建设用地使用权登记。

目前，我国的土地登记是以宗地为基本单位，所谓宗地是土地权属界线封闭的地块或者空间。使用两宗以上建设用地的建设用地使用权人应当分宗申请登记。两个以上建设用地使用权人共同使用一宗建设用地的，应当分别申请登记。跨县级行政区使用土地的，应当分别向建设用地所在地县级以上地方人民政府土地管理部门申请登记。

第二节　建设用地使用权证书核发的主管部门及权限分工

一、建设用地使用权证书的主管部门

申请人应向土地所在地县级以上人民政府国土资源行政主管部门提出土地登记申请，依法报县级以上人民政府登记造册，核发建设用地使用权证书。跨县级行政区域使用的建设土地，应当报土地所跨区域县级以上人民政府分别办理土地登记。

在京中央国家机关使用的建设用地，按照《土地登记办法》的规定执行。

二、核发建设用地使用权证书管理权限分工

全国各省、自治区、直辖市对土地的权属登记证书核发在管理权限上有所不同。与建设用地规划许可证核发机关的分工一样，各地也根据建设项目所处的区域与行政区划之间的关系，以及建设项目的类型，在各级房地管理部门间进行权属分工。例如北京市规定市房地局负责办理全市外产、中外合资（作）产、军产、保密用房、外销商品房的房地权属初始、转移、变更、注销及他项权利登记工作。区、县房地局负责办理上述规定项目之外的房地权属初始、转移、变更、注销及他项权利登记工作。

第三节　建设用地使用权证书核发的程序和应提交的材料

一、建设用地使用权证书核发的程序

建设用地使用权证书核发的主要程序包括：建设单位的申请、主管部门的受理、主管部门的审查、主管部门的登记和土地证书的核发。

（一）建设单位的申请

根据《土地登记办法》的规定，土地登记应当依照申请进行，但法律法规和该办法另有规定的除外。

土地登记应当由当事人共同申请，但有下列情形的，可以单方申请：

（1）土地总登记；

（2）国有土地使用权、集体土地所有权、集体土地使用权的初始登记；

（3）因继承或者遗赠取得土地权利的登记；

(4) 因人民政府已经发生法律效力的土地权属争议处理决定而取得土地权利的登记；

(5) 因人民法院、仲裁机构已经发生法律效力的法律文书而取得土地权利的登记；

(6) 更正登记或者异议登记；

(7) 名称、地址或者用途变更登记；

(8) 土地权利证书的补发或者换发。

另外还规定，两个以上土地使用权人共同使用一宗土地的，可以分别申请土地登记；未成年人的土地权利，应当由监护人代为申请登记，申请办理未成年人土地登记的，还应提交监护人身份证明材料；委托代理人申请土地等级的，还应提交授权委托书和代理人身份证明。代理境外申请人申请土地登记的，授权委托书和被代理人身份证明应当经依法公证或者认证。

(二) 主管部门的受理

对申请人提出的土地登记申请，国土资源行政主管部门应当根据下列情况分别作出处理：

(1) 申请登记的土地不在本登记辖区的，应当当场作出不予受理的决定，并告知申请人向有管辖权的国土资源行政管理部门申请；

(2) 申请材料存在可以当场更正的错误的，应当允许申请人当场更正；

(3) 申请材料不齐全或者不符合法定形式的，应当当场或者在5日内一次性告知申请人需要补正的全部内容；

(4) 申请材料齐全、符合法定形式，或者申请人按照要求提交全部补正申请材料的，应当受理土地登记申请。

(三) 审查登记

国土资源行政主管部门应当对受理的土地登记申请进行审查，并按照下列规定办理登记手续：

(1) 根据对土地登记申请的审核结果，以宗地为单位填写土地登记簿；

(2) 根据土地登记簿的相关内容，以权利人为单位填写土地归户卡；

(3) 根据土地登记簿的相关内容，以宗地为单位填写土地权利证书。对共有一宗土地的，应当为两个以上土地权利人分别填写土地权利证书。

国土资源行政主管部门在办理土地所有权和土地使用权登记手续前，应当报经同级人民政府批准。

(四) 核发建设用地使用权证

经申请、受理和审查登记手续后，由县级以上人民政府向建设用地使用权人核发建设用地使用权证。土地权利证书是土地权利人享有土地权利的证明。土地权利证书记载的事项应当与土地登记簿一致，记载不一致的，除有证据证明土地登记簿确有错误外，以土地登记簿为准。

二、申请核发建设用地使用权证书应提交的材料

建设单位申请建设用地使用权证书时，应向国土资源行政主管部门提交以下材料：

(1) 国有土地使用权属登记申请书；

（2）建设单位申请人经年检的营业执照、授权委托书、代理人身份证；

（3）县级以上人民政府建设用地批准文件及用地红线图；

（4）合法勘测单位出具的土地勘测定界报告；

（5）出让的土体提交土地使用权出让合同、土地出让金缴纳凭证；

（6）划拨的土体提交有权机关批准使用土地的文件；

（7）使用授权经营单位土地的，应提交授权经营单位与使用单位签订的土地使用协议或批准文件、土地使用权授权经营批准证明及授权经营文件、土地资产处置方案。

第四节　建设用地使用权证书的变更和注销

一、建设用地使用权证书的变更

（一）建设用地使用权证书变更的概念

建设用地使用权转让、互换、出资或者赠与的，应当向登记机构申请变更登记。这是因为，不动产物权的设立、变更、转让和消灭，依照法律应当登记的，自记载于不动产登记簿时发生效力。也就是说，建设用地使用权作为重要的用益物权，不但其取得需要登记，其流转也需要及时登记，否则该流转行为就无法产生法律效力，权利人的利益就得不到充分保障。如果建设用地使用权进行了流转登记，那么其权利凭证的建设用地使用权证也应作相应的变更。因此，建设用地使用权证书的变更就是因为建设用地使用权发生了流转行为，其建设用地使用权证书也应相应变更，换发新的建设用地使用权证书的行为。

（二）建设用地使用权证书变更的情形

建设用地使用权转让、互换、出资或者赠与的，应当向登记机关申请变更登记。主要包括以下情况：

（1）建设用地使用权的转让；

（2）单位合并、分立；

（3）因抵押而取得土地使用权；

（4）因生效法律文书或继承而取得土地使用权；

（5）已设定地役权的土地使用权转以后的变更；

（6）因土地权利人姓名等变化后的变更；

（7）因土地用途发生变更后的变更登记。

二、建设用地使用权证书的注销

（一）建设用地使用权证书注销的概念

建设用地使用权消灭的，出让人应当及时办理注销登记。登记机构应当收回建设用地使用权证书。注销登记，是指因某种原因导致权利人登记的财产权利消灭时，登记机关依法注销其登记簿上财产权利的一种登记。①

① 刘莘、王达主编：《房地产行政登记理论与实务》，中国建材工业出版社2008年版，第57页。

（二）建设用地使用权证书注销的情形

建设用地使用权消灭的，出让人应当及时办理注销登记。登记机构应收回建设用地使用权证书。有下列情形时应注销建设用地使用权证书：

（1）建设用地使用权期间届满。住宅建设用地使用权期间届满的，自动续期。非住宅建设用地使用权期间届满后的续期，依照法律规定办理。建设用地使用权期间届满后又未被获得批准续期，则被注销登记。

（2）建设用地使用权提前收回。建设用地使用权期间届满前，因公共利益需要，可以提前收回建设用地使用权，出让人应当依法对该土地上的房屋及其他不动产给予补偿，并退还相应的出让金，而后注销建设用地使用权证书。

（3）建设用地使用权因自然灾害灭失。因自然灾害等原因导致土地灭失的，原土地使用权因失去载体而消灭。

（4）建设用地使用权因生效法律文书而消灭。

【典型案例】①

原告：程某某。

被告：重庆市九龙坡区人民政府。

被告：重庆市九龙坡区国土资源局。

第三人：重庆市九龙坡区农业生产资料公司。

2000年7月8日及2002年1月31日，原告与第三人签订房屋买卖合同及补充协议，第三人将其在以划拨方式取得使用权的土地上建成的一幢1 350平方米房屋作价120万元卖给了原告，双方办理了房屋过户手续，原告取得2005字第061048号房权证。2003年3月1日，原告和第三人向被告重庆九龙坡区国土资源局提交双方的房屋买卖合同及补充协议和2005字第061048号房权证、重庆市划拨土地使用权转让出租申请审批表、国有土地使用权申报登记申请书、国有土地审批表，经两被告审查，同意后又经重庆市划拨土地使用权出让管理办公室批准，获准土地使用权变更登记，重庆市九龙坡区国土资源局填发了发证机关为重庆市九龙坡区人民政府的“九龙坡区国用2002字第02889号”国有土地划拨使用权证并颁发。

原告虽然获得了房屋的土地使用权，但用地性质仍然为划拨建设用地，原告认为应该将土地使用权证上的土地性质转变为出让建设用地，原告遂以被告重庆市九龙坡区人民政府不具备享有划拨土地的主体资格、第三人弄虚作假，侵犯代表原告签字为由，请求撤销“九龙坡区国用2002字第02889号”国有土地使用权证。

【重要法条链接】

1.《中华人民共和国物权法》

第九条 不动产物权的设立、变更、转让和消灭，经依法登记，发生效力；未经登

① 案例转载自重庆伟豪律师事务所经典案例，http：//www.weihaolawfirm.com/platform/news.view.asp？newsid=436，2014年8月5日访问。

记，不发生效力，但法律另有规定的除外。

第十条　不动产登记，由不动产所在地的登记机构办理。

国家对不动产实行统一登记制度。统一登记的范围、登记机构和登记办法，由法律、行政法规规定。

第十四条　不动产物权的设立、变更、转让和消灭，依照法律规定应当登记的，自记载于不动产登记簿时发生效力。

第十七条　不动产权属证书是权利人享有该不动产物权的证明。不动产权属证书记载的事项，应当与不动产登记簿一致；记载不一致的，除有证据证明不动产登记簿确有错误外，以不动产登记簿为准。

2.《中华人民共和国土地管理法》

第十一条第二款　单位和个人依法使用的国有土地，由县级以上人民政府登记造册，核发证书，确认使用权；其中，中央国家机关使用的国有土地的具体登记发证机关，由国务院确定。

3.《招标拍卖挂牌出让国有建设用地使用权规定》

第二十三条　受让人依照国有建设用地使用权出让合同的约定付清全部土地出让价款后，方可申请办理土地登记，领取国有建设用地使用权证书。

未按出让合同约定缴清全部土地出让价款的，不得发放国有建设用地使用权证书，也不得按出让价款缴纳比例分割发放国有建设用地使用权证书。

◎思考题：

1. 建设用地使用权证书对于证明物权的法律效力如何？
2. 出让方式与划拨方式在取得建设用地使用权证书的流程中是否存在区别？
3. 建设用地使用权证在哪些情形下予以注销？

第八章　农村土地承包经营权问题

【本章导读】

农村土地承包经营权是我国改革开放的一项重要制度创新成果。对于确保农村农业生产，提高国家粮食安全具有重要的意义。本章介绍了农村土地承包经营权的产生过程、法律特征、法律性质、权利流转和常见纠纷的裁处规范等内容。

第一节　农村土地承包经营权概述

【问题引入】

某市居民 A 的叔叔 B 是某县 C 村的村民，B 承包了其村发包的 25 亩土地，A 找到 B 要求 B 把他承包的土地转包给自己。A 与 B 没有通过村集体经济组织便签订了土地转包协议，协议签订后 A 也没有从事农业生产，而是跟市里的垃圾填埋厂签订了一份合同，填埋场每向地里倾倒 1 吨垃圾便向 A 支付 700 元钱。C 村很快便发现了转包的事情，要收回 B 的土地承包经营权。

问题：

1. A 是否有资格获得承包经营权？
2. A 与 B 签订的转包合同是否有效？
3. C 村的村集体经济组织是否可以收回 B 的土地承包经营权？

一、农村土地承包经营权的产生及立法规定

农村土地承包经营权是广大农民群众自发进行制度创新的产物。以 1978 年安徽省凤阳县小岗村包产到户为契机，家庭联产承包责任制全面铺开，中国经济体制改革掀开了历史序幕。依法实行农村土地承包经营制度逐渐成为我国农村一项基本经济制度，农村土地承包经营权也随之被立法确定。土地承包经营权是指土地承包经营权人依法享有的对其承包经营的耕地、林地、草地等占有、使用和收益以及自主从事种植业、林业、畜牧业等农业生产的权利。《宪法》、《民法通则》、《土地管理法》等一系列法律文件均对土地承包经营权作出了规定。《物权法》第 125 条规定：“土地承包经营权人依法对其承包经营的耕地、林地、草地等享有占有、使用和收益的权利，有权从事种植业、林业、畜牧业等农业生产。”

土地承包经营权大体可分为家庭承包方式取得的土地承包经营权和依其他方式承包取

得的土地承包经营权两种基本类型。《农村土地承包法》第3条第2款规定："农村土地承包采取农村集体经济组织内部的家庭承包方式，不宜采取家庭承包方式的荒山、荒沟、荒丘、荒滩等农村土地，可以采取招标、拍卖、公开协商等方式承包。"可见，依家庭承包方式取得的土地承包经营权，是指本集体经济组织成员采用家庭为单位承包的方式所取得的土地承包经营权。家庭承包是指按照国家有关规定进行的，家庭内部成员人人有份的承包，主要适用于耕地、林地和草地的承包；其他形式的承包，即通过招标、拍卖和协商等进行的承包，主要是针对荒山、荒沟、荒丘、荒滩农村"四荒"土地。对家庭承包的土地实行物权保护，土地承包经营权至少30年不变，承包期内必须坚持"增人不增地、减人不减地"原则。承包期内除法律规定外不得调整承包地，发包方不得提前收回承包地，土地承包经营权可以依法转让、转包、入股、互换，可以依法继承。这种土地承包经营权，可以简称为家庭承包经营权。依其他方式承包取得的土地承包经营权，当事人的权利义务、承包期和承包费等，均由合同约定，承包期内当事人也可以通过协商予以变更。

二、土地承包经营权的法律特征

（一）土地承包经营权的主体是农业生产经营者

土地承包经营权人承包了土地后，其必须利用土地进行农业生产，不具有农业生产经营能力的单位或个人不能成为土地承包经营权的主体。一般情况下土地承包经营权主体为本集体经济组织成员。但从《土地管理法》、《农村土地承包法》的规定来看，本集体经济组织以外的单位或个人可以成为土地承包经营主体，主要包括以下两种情形：

一是本集体经济组织以外的单位或个人可以成为"四荒"承包经营权的主体。《土地管理法》第15条规定："……农民集体所有的土地，可以由本集体经济组织以外的单位或者个人承包经营，从事种植业、林业、畜牧业、渔业生产……农民集体所有的土地由本集体经济组织以外的单位或个人承包经营的，必须经村民会议三分之二以上成员或三分之二以上的村民代表的同意，并报乡（镇）人民政府批准。"可见，根据《农村土地承包法》的规定，在不宜采取家庭承包方式的"四荒"土地通过招标、拍卖、公开协商等方式承包时，土地承包经营权的主体可以是本集体经济组织以外的单位或个人。

二是本集体经济组织以外的单位或个人在受让土地承包经营权时，可以成为土地承包经营权的主体。《物权法》、《农村土地承包法》均允许土地承包经营权流转，且受让人不受本集体经济组织成员的限制。

应当指出的是，即使法律允许本集体经济组织以外的单位或者个人成为土地承包经营权的主体，但为了维护本集体经济组织的利益，体现集体经济组织成员享有的社员权，法律赋予了本集体经济组织成员优先承包权和优先受让权。

（二）土地承包经营权的客体是农村农业土地

土地承包经营权是存在于土地上的用益物权，且只有农村农用地才能成为权利客体。根据《农村土地承包法》第2条的规定，所谓农村土地，是指农民集体所有和国家所有依法由农民集体使用的耕地、林地、草地，以及其他依法用于农业的土地。具体而言，土地承包经营权包括如下三种农村土地：

一是农村集体所有的耕地、林地、草地。

二是国家所有依法由农民集体经济组织使用的耕地、林地、草地。法律规定属于国家所有的农村和城市郊区的土地包括两类：其一，依据1950年《土地改革法》及有关规定，凡当时没有将土地所有权分配给农民的土地均属于国家所有；其二，实施《农村人民公社工作条例（修正草案）》后，未划入农民集体范围内的土地属国家所有。在法律规定属于国家所有的农村和城市郊区土地中，属于依法由农民集体经济组织使用的耕地、林地、草地，可以作为土地承包经营权的客体。

三是其他依法用于农业的土地。土地承包经营权的客体除包括耕地、林地、草地外，还包括其他依法用于农业的土地。在《农村土地承包法》中，其他依法用于农业的土地主要是指荒山、荒沟、荒丘、荒滩“四荒”土地。从土地用途上看，“四荒”地应当属于《土地管理法》上的未利用地。尽管“四荒”地属于未利用地，但仍属于用于发展农业的土地，因此可以作为土地承包经营权的客体。

（三）土地承包经营权的取得具有严格的程序性

农村土地承包经营制度是我国在农村实行的基本经济制度，而且土地承包经营权涉及每个农户的基本生活保障，因此，法律对土地承包经营权的取得规定了严格的程序。《农村土地承包法》第19条对以家庭承包方式进行的土地承包规定了如下严格程序：村民会议须选举产生承包工作小组——承包工作小组须依法拟订承包方案——村民会议须讨论通过承包方案——公开组织实施承包方案——签订承包合同等。此外，《农村土地承包法》对以其他方式承包“四荒”地的，也规定了较为严格的程序。

（四）土地承包经营权流转受到限制

土地承包经营权虽然是一种独立的用益物权，但与建设用地使用权相比，其在流转上受到很多限制。因为，土地承包经营权具有很强的人身依附性，所采取的是承包家庭内部人人有份的平均承包方式，其本身具有很强的社会保障和福利功能。因此，法律规定土地承包经营权不得继承（林地除外）。例如，耕地及草地承包经营权不得继承，因为“家庭承包是以户为生产单位的，家庭中部分成员死亡后，土地承包经营权不发生继承的问题”。同时，“农村集体经济组织内部人人有份的家庭承包是农村集体经济组织成员的一项权利，如果不是该组织的成员，也就没有了对土地承包经营权的继承权”①；再如，以家庭承包方式取得的土地承包经营权不得抵押，其互换也只能在同一集体经济组织内部进行。

三、农村土地承包经营权的法律性质

我国现行法律虽然规定“土地承包经营权受法律保护”，但长期以来并没有明确规定土地承包经营权的法律性质。关于土地承包经营权的性质，在法学理论上一直存在不同的学说观点，主要有物权说、债权说、双重性质说等。

（一）土地承包经营权物权说

物权说认为，土地承包经营权是一种用益物权性质的民事权利。持这种观点的理由主

① 顾昂然：《全国人大法律委员会关于〈中华人民共和国农村土地承包法（草案）〉修改情况的汇报》，载《全国人大常务委员会公报》2002年第5期。

要如下：

（1）土地承包经营权表现为对土地直接支配的权利，承包方基于承包合同而实际占有、控制、使用土地，对土地行使直接支配的权利。

（2）土地承包经营权具有排他性。农村集体经济组织在与承包方签订承包合同时，不能就同一标的设立两个土地承包经营权，承包方对于其承包的土地可以按照合同的约定，自主地行使使用和收益的权利，排除任何人的非法干涉，任何人都负有不得侵犯土地承包经营权的义务。

（3）土地承包经营权具有优越性、追及性。土地承包经营合同是有期限的，期满后，再次签订承包合同时原承包方在同等条件下享有优先权。承包人根据合同占有承包的土地后，任何人都不得妨碍权利的行使，不管承包的土地被谁占有，承包方都有追索权。

（4）《民法通则》将土地承包经营权规定为"与所有权有关的财产权"，而不是将其规定在债权部分，这至少说明立法原意也是把它排除在债权之外。

（5）土地承包经营权是根据土地承包合同设立的，但并不能据此认定土地承包经营权为债权。物权和合同并非互相排斥，相反，合同往往是物权产生的主要原因。在土地承包经营权关系中，承包方根据合同请求农村集体经济组织将土地交由自己承包经营的权利是一种债权，而承包方根据合同直接对土地承包经营的权利则是物权，是对物的直接支配权，可以对抗任何人。

（二）土地承包经营权债权说

债权说认为，土地承包经营权应为债权。持这种观点的理由主要有：

（1）从土地承包经营权的连带性上看，土地承包经营权连带于联产承包，不是两个独立的物权。"联产"意味着承包人必须达到"承包指标"，发包方对作为承包经营权的物的土地，仍有相当大的支配力。

（2）从承包方与土地所有者的关系上看，联产承包合同关系是发包方与承包方之间的内部关系，因此而取得的土地承包经营权实际上体现的是集体内部分工、分配的权利义务关系，其目的是借助一定的经营自主权取得与经营成果相联系的预期报酬。

（3）从土地承包经营权转让的条件来看，承包方不能自主转让承包权，而须经发包方同意，这种转让方式完全是普通债权的转让方式。

（4）在土地转包关系中，转包方取得的权利也是土地承包经营权，若该权利性质为物权，则显然违反一般物权法原理。

（三）土地承包经营权双重性质说

双重性质说认为，土地承包经营权具有债权与物权的双重属性。持这种观点的理由主要有：

（1）土地承包经营权具有明显的债权性。其一，它具有约定性和不确定性，显然不符合物权法定主义的基本要求，倒是与有名合同的基本特点相差无几；其二，现行法对土地承包经营权的取得、变更与终止未作出应当登记的明确规定，与物权变动的公示原则相差甚远；其三，土地承包经营权只具有请求力而无支配力，这与物权的支配性质难以保持一致；其四，土地承包经营权在法律效力上不具备对抗权利人之外的其他人的效力。

（2）土地承包经营权同时具有若干物权特性。其一，它首见于《民法通则》中，即

"财产所有权和与财产所有权有关的财产权"。根据限缩解释，这一节可以看做是关于物权的规定。依体系解释，土地承包经营权当属物权。其二，"四荒"承包经营权含有占有、使用、收益的权能，具有以"四荒"承包经营权出租、抵押、转让、互换、入股等处分效力。其三，在"四荒"承包经营权遭受不法侵害时，产生要求停止侵害、排除妨碍、恢复原状等请求权。

以上争议随着《农村土地承包法》和《物权法》的颁布而停息，《农村土地承包法》的诸多规定都体现了土地承包经营权的物权性质，例如，国家保护承包方依法、自愿、有偿地进行土地承包经营权流转，流转方式包括转包、出租、互换、转让等；承包期内承包人不得收回承包地、不得调整承包地；任何组织和个人侵害土地承包经营权的，均应承担停止侵害、返还原物、恢复原状、排除妨碍、消除危险等民事责任。《物权法》在《农村土地承包法》的基础上，明确地将土地承包经营权规定为一种用益物权。至此，虽然在学术上有不同意见，但在法律定性上已正式明确为用益物权。

四、农村土地承包经营权物权化的现实意义

如前面内容所介绍，我国的土地法律制度曾因为政治运动而遭遇波折。农村的土地承包制度实际上并非是自上而下，通过正常的立法过程而创设出来。最初的农村土地承包是因为当时的法律制度不合理而导致农村的生产力遭到极大破坏的情况下，由少数农民发挥才智而创造的一种权宜制度。在国家秩序恢复正常之后，这种制度才被立法者认可并以法律形式加以认可，所以我国农村经济体制改革的进程是一个逐步强化、保障农民土地权利的过程，其中蕴含农民的土地权利从非法到合法，从债权保护到物权保护的过程。

只有采取物权效力强度对土地承包经营权进行法律保护，才能确保农村土地承包关系的长期稳定，并真正赋予农民长期而有保障的土地使用权。《物权法》将土地承包经营权规定为物权类型之一的用益物权具有重要的现实意义。

以往很多人认为，土地承包经营权属于债权，在实践中，也常常将其作为一种承包合同对待，按照债权债务关系来处理。结果导致当发包方恶意撕毁合同、干预经营、乱收款等行为时，承包人也只能通过主张违约责任来维护自己的合法权利，而不能通过物上请求权来维护自己的合法权利。更有甚者，发包方可以不经承包人同意，直接将承包土地出卖或出租给他人，用于非农用途，承包人也只能要求发包人承担违约责任。在《物权法》将土地承包经营权规定为用益物权后，这种状况将得到根本上的改变。

由于物权请求权是一种可以要求恢复物权的圆满状态或防止侵害发生，请求义务人为一定行为或不为一定行为的权利，并且物权是对世权，可以针对任何第三人，所以当承包人遭受上述不法侵害后，可以根据自己的意愿要求发包人和第三人恢复原状并赔偿损失。根据《农村承包法》第54条的规定，侵害土地承包经营权的，应当承担停止侵害、返还原物、恢复原状、消除危险、赔偿损失等民事责任。《物权法》第132条规定，承包地被征收的，土地承包经营权人有权获得相应补偿。因此，土地承包经营权被物权化后，增强了保护土地承包经营权人权利的力度。一方面对土地承包经营权本身加以保护，可以排除包括发包人在内的其他任何形式的侵害；另一方面赋予承包人物上请求权，比合同法上的债权请求权的效力更强，基本上涵盖了所有民事责任的方式。

土地承包经营权物权化，对司法实践所产生的重要意义，还表现在土地承包合同的内容法定化，直接导致土地承包经营权内容的法定化，从而避免了发包方利用其优势地位限制或者约束承包人权利的可能性。①

第二节　土地承包经营权登记与权属认定

【问题引入】

某村村民赵某于1993年承包了村里的20亩水稻田但没有领取土地承包经营权证，由于收益不佳，赵某于2003年外出打工。村委会认为赵某撂荒了土地，所以便把地转包给村民章某，章某领取了土地经营权证。赵某得知后返回村里，说自己还要回来的，村里把地转包给他人侵犯了自己的土地承包经营权。村委会答复，赵某没有土地经营权证，而章某有证，所以章某才是土地承包经营权人。

问题：赵某没有土地经营权证是否就等于没有获得土地承包经营权？

一、土地承包经营权的公式登记

土地承包经营权是一种不动产物权，一般而言，不动产物权的设立、确认、变动多数涉及登记问题。土地承包经营权作为用益物权的一种，法律规定了相应的登记制度。

关于土地承包经营权的登记问题。《农村土地承包法》分别从家庭承包经营权和“四荒”承包经营权的角度作了不同的规定。关于家庭承包经营权，《农村土地承包法》第22条规定，家庭承包经营权“承包合同自成立之日起生效。承包方自承包合同生效时取得土地承包经营权”。第38条规定：“土地承包经营权采取互换、转让方式流转，当事人要求登记的，应当向县级以上地方人民政府申请登记。未经登记，不得对抗善意第三人。”关于“四荒地”承包经营权，《农村土地承包法》第49条规定：“通过招标、拍卖、公开协商等方式承包农村土地，经依法登记取得土地承包经营权或者林权证等证书的，其土地承包经营权可以依法采取转让、出租、入股、抵押或者其他方式流转。”

可见，《农村土地承包法》关于土地承包经营权的登记包括了三方面内容：

（1）家庭承包经营权在设立上采取意思主义，未采取登记生效主义或登记对抗主义，登记不是家庭承包经营权的公示方法。土地承包经营权自承包合同生效时设立。

（2）家庭承包经营权在互换、转让上采取登记对抗主义；未经登记的，不得对抗善意第三人。

（3）关于“四荒地”承包经营权的登记效力未作具体规定，理论界有不同的理解。有一种观点认为，“四荒地”承包经营权的设立和转让、出租、入股、抵押等其他流转方式，均采取登记生效主义，但我们认为该观点有些不妥。理由主要在于：一方面，“四荒地”承包经营权可以采取招标、拍卖、公开协商等直接承包方式，也可以采取土地承包

① 王红亚：《农村土地承包经营权物权化在司法实践上的意义》，载中国法院网：http：//www.chinacourt.org/public/detail.php？id=260830，2014年8月20日访问。

经营权折股后再承包经营或股份合作经营的方式。无论是依哪种承包方式所产生的“四荒地”承包经营权，《农村土地承包法》都没有规定土地承包经营权从何时起设立。因此，我们不能简单地根据《农村土地承包法》第49条的规定，就推定采取直接承包方式取得的“四荒地”承包经营权自登记时设立。若如此，那么以土地承包经营权折股再承包经营或股份合作经营的，“四荒地”承包经营权也应当自登记时生效，这显然与《农村土地承包法》的规定不符，因为该法对这种土地承包经营权并没有登记的要求。《农村土地承包法》第49条所规定的登记并不是“四荒地”承包经营权的设立条件，而只是流转条件。就是说，不经登记，只是“四荒地”承包经营权不得流转，而不是没有设立。对此，《最高人民法院关于审理涉及农村土地承包纠纷案件适用法律问题的解释》第21条规定，“四荒地”承包经营权的“承包方未依法登记取得土地承包经营权证等证书，即以转让、出租、入股、抵押等方式流转土地承包经营权，发包方请求确认该流转无效的，应予支持”。另一方面，《农村土地承包经营权证管理办法》第3条第1款规定：“承包耕地、园地、荒山、荒沟、荒丘、荒滩等农村土地从事种植业生产活动，承包方依法取得农村土地承包经营权后，应颁发农村土地承包经营权证予以确认。”可见，“四荒地”土地承包经营权的设立与登记领证之间没有必然的联系。

《物权法》没有区分不同种类的土地承包经营权，而是统一规定了土地承包经营权的登记。《物权法》第127条规定：“土地承包经营权自土地承包经营权合同生效时设立。县级以上地方人民政府应当向土地承包经营权人发放土地承包经营权证、林权证、草原使用权证，并登记造册，确认土地承包经营权。”第129条规定：“土地承包经营权人将土地承包经营权互换、转让，当事人要求登记的，应当向县级以上地方人民政府申请土地承包经营权变更登记；未经登记，不得对抗善意第三人。”

二、土地承包经营权证与承包经营权的确认关系

（一）土地承包经营权证对认定土地承包经营权具有重要意义

《农村土地承包法》第23条第1款规定：“县级以上地方人民政府应当向承包方颁发土地承包经营权证或者林权证等证书，并登记造册，确认土地承包经营权。”第49条规定：“通过招标、拍卖、公开协商等方式承包农村土地，经依法登记取得土地承包经营权证或者林权证等证书的，其土地承包经营权可以依法采取转让、出租、入股、抵押或者其他方式流转。”《物权法》第127条第2款亦规定：“县级以上地方人民政府应当向土地承包经营权人发放土地承包经营权证、林权证、草原使用权证，并登记造册，确认土地承包经营权。”

根据我国现行法律的规定，土地承包经营权证具有物权凭证的作用。《农村土地承包经营权证管理办法》第2条第1款规定：“农村土地承包经营权证是农村土地承包合同生效后，国家依法确认承包方享有土地承包经营权的法律凭证。”这里的“法律凭证”指的就是物权凭证。

（二）土地承包经营权与承包经营权证冲突的解决

在司法审判实践中，常会遇到合法承包经营权与承包经营权证书发生冲突的现象。这往往是由于原承包人在获得承包经营权证书后，由于转行、户籍迁移等原因，实际并未从

事原承包经营活动，于是发包人又另行与他人签订了土地承包经营合同所致，当然也存在合同内容与承包经营权证书不完全一致的情况，从而造成实际情况与承包经营权证之间的冲突问题。

一般情况下，承包经营权证书与承包合同内容应该一致，但如前所述，土地承包经营权并不实行登记生效主义，所以承包经营权证书只是一种证明权利的凭证，仍是书证的一种，如果有证据证明承包经营权证书存在不实之处，应根据案情确认其证明效力。证书与承包合同、《土地清册》内容不一致时，一般应以承包合同和登记机关《土地清册》内容为准。

在实践中，人民法院遵循“先民后行”原则解决土地承包经营权证冲突问题。颁发承包经营权证是对承包合同已经成立、取得承包经营权的确认，人民政府对此仅有形式审查的职能，不具有从实体上审查承包合同是否已经成立的权力，所以人民政府颁发承包经营权证书的行为是羁束行政行为，没有自由裁量权。如果先由人民政府撤销承包经营权证，人民政府仅能对部分因程序违法而错误颁证的情况进行纠正，对实体内容错误的，因没有处理承包合同的职权而陷入尴尬的局面，先民后行的处理方式是明智的选择。

所以，在涉及家庭承包经营纠纷中，承包方的家庭承包权与相对方的承包经营证书发生的冲突，不是真正意义上的权属冲突，应归于土地侵权纠纷、土地流转纠纷、代耕代种纠纷等，不应归纳到土地使用权纠纷的范畴而由人民政府处理。

（三）政府注销、撤销或收回承包经营权证不等于承包方丧失土地承包经营权

承包经营权证书与承包经营权之间的关系前面已经进行了介绍，由于承包经营权证书只是对承包经营权合同设立的承包经营权的一种确认，也就是说承包经营权的权源不是承包经营权证书，而是农村土地承包经营权合同。因此，对于有些地方政府违法撤销、注销或收回承包经营权证书，导致产生土地承包经营权纠纷的，承包人的承包经营权在承包合同没有被解除、撤销的情况下依然存在。其法律依据为《农村土地承包法》第 22 条、第 23 条的规定。《农村土地承包法》第 22 条规定：“承包合同自成立之日起生效。承包方自承包合同生效时取得土地承包经营权。”《农村土地承包法》第 53 条规定：“任何组织和个人侵害承包方的土地承包经营权的，应当承担民事责任。”

第三节　农村集体家庭承包经营权纠纷的裁处规范

【问题引入】

某村召开全体村民会议商讨本村土地承包经营权发包事宜，在会上有的村民提出村里有几户的劳动力都外出打工了，给他们保留承包土地的权利没有必要，应该多照顾那些以务农为主业的家庭；还有人提出从其他村嫁过来的女子在娘家那边已经分到了承包地，因此不该再参与本村的土地承包；另外还有一批人担心村干部在划分各家承包地的时候暗箱操作，提出村干部要发扬党员的先进性，等大家都挑完了再选地。

问题：这些人的说法有无法律依据？

一、农村集体组织成员享有平等承包经营权

（一）集体组织成员资格与土地承包经营权

在我国目前的发展状态下，土地对农民不仅是最基本的生产资料，而且承载了社会保障职能。因此，农村集体经济组织成员有权依法承包由本集体经济组织发包的农村土地，此为不可剥夺和限制的基本权利。根据《农村土地承包法》第 5 条的规定，具有农村集体经济组织成员资格，是确定其可以享有土地承包经营权的前提。正因为如此，各相关部分要求确定农村集体经济组织成员资格的标准的呼声非常强烈。实践中，常以户籍所在地作为认定是否为本集体经济组织成员的标准，但户籍作为一种行政管理手段，将其作为认定是否具备集体经济组织成员资格的依据，其合理性存在疑问。而且，随着人口流动的加剧，“人”“户”分离的现象也比较普遍，用静态的户籍来管理动态的人口流动，难免会在认定集体经济组织成员资格时出现问题。所以，我们认为以户籍地、经常居住状态和从事农业生产是否为某成员的基本生活经济来源共同认定组织成员资格似更为合理。

具有集体经济组织成员资格不仅可以享有土地承包经营权，而且还包括有有权获得承包地被征地的补偿费用。农用土地被征收的补偿费用，一般包括土地补偿费、安置补助费及地上附着物和青苗补偿费三个部分。

（二）妇女与男子享有平等的土地承包经营权

男女平等本是应有之义，但在我国社会长期存在重男轻女思想影响的背景下，在农村土地承包经营权的发包、转包、收回过程中，经常发生侵害妇女承包经营权的情况。例如，承包时对妇女实行有别于男子的歧视性土地承包政策，在承包期内违法收回出嫁女承包地等。为此《农村土地承包法》第 6、30 条和《妇女权益保障法》第 33 条都就妇女与男子的平等土地承包经营权问题专门作出了规定。

（三）村干部与集体经济组织其他成员享有同等的承包经营权

农村集体经济组织内部存在一个为数不多的特殊群体，即村干部。他们具有双重身份，可能既是组织和实施发包土地的发包方成员，同时又是该村集体经济组织的成员。根据《农村土地承包法》第 5 条的规定，他们也享有与其他成员同等的承包经营权。

二、农村集体组织对集体土地享有优先承包权

土地承包优先权，是指农村土地发包或流转时，法定优先权人对该土地享有优先承包的权利。《农村土地承包法》第 33 条第 5 项规定：“在同等条件下，本集体经济组织成员享有优先权。”第 47 条规定：“以其他方式承包农村土地，在同等条件下，本集体经济组织成员享有优先承包权。”优先承包权的确定对于保护农民利益，维护农村土地承包关系的稳定，促进农村经济发展和农民增产增收而言，具有相当重要的意义。承包优先权具有以下四个特征：

（一）具有法定性

这种优先权为法律明文规定，只能由法律规定产生，不允许当事人随意创设。在符合法律规定的条件下，优先承包权人可以选择放弃行使优先权，但不允许通过协议排除。

（二）权利主体的特定性

法律规定优先权主要是为了保护本集体经济组织成员的利益，因此享有优先承包权的主体是本经济组织的成员，且只有在土地承包经营权人准备将经营权流转给本集体经济组织以外的人，或集体经济组织拟将农村土地以招标、拍卖、公开协商等其他方式发包给本集体经济组织以外的人时才享有这一权利。

（三）为同等条件下的优先权

优先承包权的行使必须以同等条件为前提，这是对其行使条件上的限制。这里的同等条件并不需要合同内容完全一致，而是指流转价款、承包期限等主要内容相同。

（四）为土地承包权利的从权利，具有从属性和不可分割性

没有土地承包权，则优先承包权不能独立存在。优先承包权不能脱离土地承包权而成为其他权利，也不能脱离土地承包权而单独转让。同时，优先承包权及于整项土地承包权，不能将同一块承包地分割为数份而形成数个优先承包权。

三、发包方不得违法收回、调整承包土地

近年来，涉及违法收回、调整或者弃耕撂荒承包地的纠纷十分突出。在一些地方，发包方尊重和维护农民土地承包经营权的意识不高，违反基本农田保护的法律、法规以及政策，导致一些农户的承包土地被违法收回或者调整。造成这一现象的原因主要是在2003年农业税取消前，大量农民种田收益微薄甚至亏本，所以弃耕撂荒承包地外出打工。中央一系列惠农政策出台后，广大农民的种田积极性有所提高，返乡要求拿回承包地的人数不断增加，而被违法收回、调整或弃耕撂荒的承包地往往已经由发包方另行发包给了他人，甚至业已承包经营多年。处理这类纠纷的主要方式如下：

（一）被发包方违法收回、调整承包地的承包人有权请求返还

《农村土地承包法》第26、27、30、35条明确规定不得任意收回、调整承包地，因为农民通过家庭承包方式依法取得承包经营权是安身立命的根本，其权利性质属于物权，违法收回、调整承包地是对物权的侵害，被侵害的承包人可基于物权人的地位寻求法律保护。

对此，《最高人民法院关于审理涉及农村土地承包纠纷案件适用法律问题的解释》第6条规定："因发包方违法收回、调整承包地，或者因发包方收回承包方弃耕、撂荒的承包地产生的纠纷，按照下列情形，分别处理：（一）发包方未将承包地另行发包，承包方请求返还承包地的，应予支持；（二）发包方已将承包地另行发包给第三人，承包方以发包方和第三人为共同被告，请求确认其所签订的承包合同无效、返还承包地并赔偿损失的，应予支持。但属于承包方弃耕、撂荒情形的，对其赔偿损失的诉讼请求，不予支持。……"

（二）应合理保护善意第三人的投资利益

《最高人民法院关于审理涉及农村土地承包纠纷案件适用法律问题的解释》第6条规定，发包方已将承包地另行发包给第三人，所签订的承包合同无效，第三人请求受益方补偿其在承包地上的合理投入的，应予支持。

四、特殊群体的集体经济组织成员资格及其承包经营权认定

（一）农村回迁户成员资格及土地承包经营权

对于户口迁出本村后再迁入本村的回迁户，无论其迁回本村后的户口性质是哪一种形式，只要户口曾经脱离本村，原则上该迁出者丧失重新承包本村土地的承包经营权，但这些人员可以通过两种途径重新取得本村集体经济组织成员资格：其一，村集体经济组织成员通过成员大会多数通过同意重新给予其成员资格；其二，《农村土地承包法》第 26 条规定了两种情形：（1）承包期内，承包方全家迁入小城镇落户的，应当按照承包方的意愿，保留其土地承包经营权或者允许其依法进行土地承包经营权流转；（2）承包期内，承包方全家迁入设区的市，转为非农户口的，应当将承包的耕地和草地交回发包方。承包方不交回的，发包方可以收回承包的耕地和草地。

（二）外出读书、服兵役和外嫁女成员资格及其土地承包经营权

对于因为服兵役、读书的原因而迁出本村户口的，可以按照强制迁出和自愿迁出的标准区分。属于政策性的规定要求外出服兵役、读书而必须将户口迁入所在地的，不应视为自愿放弃本村户口及自愿脱离本村集体经济组织。在兵役、学习期间完成后，将户口迁回本村并自愿履行法律规定和组织章程规定义务的，还是以确认其本村集体经济组织成员资格为宜。反之，自愿迁出户口的，则应视为其主动脱离本村集体经济组织，不应保留其集体经济组织成员资格。

对于外嫁女问题，其成员资格的界定不仅涉及户口迁入迁出，还涉及相关利益的内部分配和协调，为了避免司法的不当介入，宜将农村外嫁女的集体经济组织资格界定问题纳入村民自治的范畴，由嫁出村与嫁入村之间按照“政府指导、村民自治”的原则协调处理。

第四节　农村土地承包经营权的流转规范

一、农村土地承包经营权流转的发展历程

土地承包经营权制度初创阶段，包干到户等家庭联产承包制形式赋予了农民使用土地、自主经营的权利，但是土地承包经营权的流转并没有得到重视，1986 年制度的《土地管理法》禁止买卖、出租或以其他方式非法流转土地。后来随着经济改革的发展，人民不断提出对土地流转的强烈要求，全国人大常委会于 1988 年修订《土地管理法》时便删除了关于土地出租的禁止性规定。1993 年《中共中央、国务院关于当前农业和农村经济发展的若干政策措施》顺应经济体制改革的要求和农业发展的新形势，提出在征得发包方同意的前提下，土地的使用权可以依法有偿流转等。同年颁布的《农业法》也肯定了土地的转包和依法转让。可见，我国土地承包经营权从初创时期发展到 20 世纪 90 年代初期，经历了一个从禁止流转到扩大流转自由度的过程，土地承包经营权的交换价值在此过程中逐渐得以显露。

二、土地承包经营权流转的形式

《农村土地承包法》将土地承包经营权的流转方式概括为转包、出租、互换、转让、入股等多种形式。农业部于2005年又颁布《农村土地承包经营权流转管理办法》，对上述流转形式做了更细化的规定，下面对上述五种主要流转形式进行介绍。

（一）转包

转包是指承包方将部分或全部土地承包经营权以一定期限转给同一集体经济组织的其他农户从事农业生产经营。转包后原土地承包关系不变，原承包方继续履行原土地承包合同规定的权利和义务，接包方按转包时约定的条件对转包方负责。承包方将土地交他人代耕不足1年的除外。

（二）出租

出租是指承包方经发包方同意将部分土地承包经营权出租给本集体经济组织以外的人并收取租金。

（三）互换

互换是指以两个以家庭承包方式取得承包土地的农户属于同一集体经济组织的，可通过协商并经发包方同意，调换彼此承包的土地。

（四）转让

转让是指发包方、原承包方和受让方签订新的土地承包合同，将原承包方的部分或全部土地承包经营权转让给受让方继续从事农业生产经营。转让后原土地承包关系解除。

转包与转让比较相似，但两者的主要区别在于：（1）对承包方（流出方）的要求不同。转包对流出方没有特别规定，而转让要求流出方具有稳定的非农职业或者有稳定的收入来源。（2）转包限定受让方是同一集体经济组织的农户，而转让只要求受让方是从事农业生产经营的农户，对是否同一集体经济组织没有限制。（3）转让须经发包方同意才可进行，转包只需承包方与受让方意思表示一致即可。（4）转包不改变承包方与发包方原有的承包关系，转让使原有的承包关系不复存在，同时产生新的承包关系。

（五）入股

入股是指对承包人的土地承包经营权的价值进行折算并转化为股份，承包人成为股东参与农业生产经营活动。

三、土地承包经营权流转应遵循的法律原则

（一）平等、自愿、有偿原则

双方平等的法律地位是土地承包经营权流转的基础。自愿是指承包经营权的流转必须出于当事人自主的意愿，流转方不得强迫受让方接受土地承包经营权流转，反之亦然。有偿是指土地承包经营权流转须等价有偿，充分体现公平原则。

（二）本集体经济组织成员享有优先权原则

本集体经济组织成员对本集体所有的土地的发包拥有同等条件下的优先权，前面已经做了详细介绍，此处不再赘述。

（三）不改变土地所有权的性质和土地农业用途的原则

土地的所有权依法归国家和集体所有，土地承包经营权流转的客体是承包经营权而非承包地。根据《物权法》第128条的规定，土地承包经营权的流转不得改变承包地的农业用途，因此流转的受让方必须具备农业经营能力。

（四）土地承包经营权流转的期限不得超过承包期剩余期限的原则

《农村土地承包法》第20条对耕地、草地、林地的承包期，分别作了不同的规定。耕地的承包期限为30年，草地承包期限为30~50年，林地承包期限为30~70年，种植特殊林木的林地，经国务院林业行政主管部门批准，承包期还可以延长。土地承包经营权是有期物权，只能在期限内存在。对于已经过的土地承包经营权期限，在流转后不能重新计算，接受流转承包经营权的主体只能在剩余的期限内享有权利。

【典型案例】

案例一①：

上诉人（原审被告）：国营新中农场。

被上诉人（原审原告）：何某某。

原审被告：肖某某。

原审第三人：程某某、彭某某。

1984年4月2日，肖某某与新中农场经管科签订家庭农场承包荒山开发合同，肖、何两夫妻便上山开垦种植橡胶树134.6亩。1991年11月和1992年8月，肖某某未经何某某同意，擅自将所承包的家庭农场134.6亩，转让44.6亩给彭某某，转让90亩给程某某。双方约定由接管方负责偿还肖某某的家庭农场贷款债务。彭某某所受让的44.6亩橡胶林委托肖某某代为管理。至1993年，44.6亩橡胶收支平衡；到1995年间，彭某某分得利润5 800元，尚欠农场贷款15 853.75元。程某某所受让的90亩地，是自己经营管理，至1996年6月止，共支付管理费40 731.9元，收入50 513.57元，获利润9 781.67元，尚欠农场贷款42 433.64元。

1995年何某某得知肖某某将家庭农场转让后，便与肖某某争吵，在与程、彭二人协商无果后向法院提起诉讼。

原告诉称：我和丈夫肖某某于1984年4月与国营新中农村经营科签订家庭农场承包荒山开发合同。合同签订后，我和家人一起辛勤劳动，风餐露宿，共种植橡胶树134.6亩。1991年和1992年，我丈夫肖某某未经我同意分别将家庭农场转让给第三人程某某、彭某某，并擅自与农场经管科办理转让手续，其行为侵犯了我的合法权益。故请求法院判决第三人返还134.6亩橡胶树。

被告肖某某答辩：我未经妻子同意，两次将家庭农场转让是事实。第一次转让给彭某某44.6亩，因彭某某是我弟媳，我担心何某某小心眼，故未告知她。第二次转让给程某某90亩，是因我被调到28队当队长，场领导要求我交回家庭农场，所以才

① 案例改编自《人民法院案例与评注》编写组编：《人民法院案例与评注（民事五卷）：土地·承包》，中国法制出版社2005年版，第372~375页。

被迫转让的。

被告国营新中农场辩称：肖某某是户主，1984年代表家庭与场经管科签订家庭农场承包合同是有效的，受法律保护。尔后，肖同样有权利代表家庭，将家庭农场转让，并与经管科办理合法的转让手续，其两次转让行为也是有效的。肖辩称场领导令他交回家庭农场90亩，是没有事实根据的。

第三人程某某述称：我于1992年与肖某某协议转让家庭农场，双方自主自愿，并经农场经管科办理转让手续，故转让行为是有效的，应受法律保护。

第三人彭某某述称：肖某某自愿将家庭农场转让给我，我接管后，怕何某某有异议，故没有将转让一事告知。该转让行为是否有效我不清楚，我同意将44.6亩橡胶树退还给肖某某。

案例二①：

原告：陈某。

原告：李某某。

原告：黄某环。

原告：黄某琪。

原告：黄某松。

被告：德化县水口镇湖坂村村民委员会。

被告：德化县水口镇湖坂村第三生产组。

原告诉称：1999年12月7日，原告一户五口以陈某为代表与被告湖坂村村委会签订耕地承包合同书，向被告村村委会承包下洋、后垅3.517亩耕地，承包期为30年，并于1999年12月20日领取土地承包经营权证。2005年11月16日，因涌口水电站建设需要，其所在的生产组部分耕地被征收，包括其承包的位于下洋的耕地计3.215亩。被征收的耕地每亩获得18 000元的补偿（包括安置补助费及土地补偿费），据此计算，其承包地被征收可得的补偿款为3.215×18 000×90%（扣除村提留10%）=52 083元，但被告统一领取补偿款后按人口数计算仅分配其两口的补偿款，而不按五口所承包被征收耕地的面积进行补偿，侵犯了其一家五口的基本生存权利；李某某、黄某琪、黄某环户口虽不在被告处，但户口迁出后未被纳入社会基本生活保障体系，仍以承包地的经营收入为主要生活来源，并未丧失集体经济组织的成员资格，有权参与土地补偿款的分配；因此，被告不以承包地面积发放土地补偿款是错误的，现要求被告按被征收耕地面积分配给其补偿款52 083元。审理中，原告领取了被告分配给陈某、黄某松补偿款18 800元后，诉讼请求标的额变更为33 283元。在调解过程中，原告放弃部分请求，仅要求被告再分配给其一户补偿款25 000元。

被告湖坂村村委会辩称：征地事宜由征收单位与第三生产组直接交涉办理，补偿款直接支付给第三生产组，由生产组自行分配，村委会仅按规定收取村提留10%作为村发展基金，原告要求其承担责任没有任何事实和法律依据，本组纠纷与其无关，

① 案例选取自曹三明著：《土地征收补偿分配纠纷案例选编》，中国社会出版社2009年版，第18页。

要求予以驳回。

被告湖坂村第三生产组辩称：（1）根据1996年10月14日生产组会议记录第3条的规定，原告一家五口所在的生产组责任田按284人份，原告只能分得水田1.956亩，而非3.215亩；（2）原告李某某、黄某环户口分别在责任田承包前的1993年11月27日、1997年6月1日“农转非”迁往南埕镇政府，黄某琪到安溪培文师范学校读书，户口于1998年9月3日随之迁往，之后未再迁回，原告一家的实际农业人口仅为陈某及尚在福建师范大学上学的黄某松2人，而非5人；（3）土地补偿款应归村民生产组所有，按全组人员平均分配，全组重新分田；生产组根据村民委员会组织法及土地承包法等相关规定召开组民户代表会议，并确定以全组现有农业户口数平均分配土地补偿款的方案，该方案依民主议定程序产生，符合村规民约及相关法律规定，可作为分配土地补偿款的依据。原告要求按承包地面积再分配25 000元土地补偿款的请求缺乏依据，应予驳回。

经德化县人民法院审理查明：原告陈某、黄某松系被告湖坂村第三生产组的组员，原告李某某、黄某环、黄某琪户口原也落在第三生产组。原告李某某、黄某环的户口因“农转非”分别于1993年11月27日、1997年6月1日迁往南埕镇，现落户于龙浔镇园丁新村1组；原告黄某琪户口因升学于1998年9月3日迁往安溪培文师范学校，2002年9月10日因毕业由安溪培文师范学校迁入龙浔镇园丁新村1组，2006年11月27日因婚嫁迁往惠安县净峰镇莲峰村。1996年10月间，被告湖坂村第三生产组在分配责任田时确定的方案主要内容为：（1）责任田的承包期为10年，10年内生无补、死无扣；（2）耕地按生产组284人口平均分配，陈某一家按5口参与分配；（3）生产组的田地如被征用，所得的补偿款归生产组全体成员所有等。1999年12月20日，陈某作为户代表与湖坂村经济联合社、湖坂村第三生产组签订了耕地承包合同，并领取了土地承包经营权证，载明：户主陈某，家庭成员为黄某环、黄某松、黄某琪、李某某，承包地为下洋水田3.215亩、后垅旱地0.302亩，承包期限为30年（自1997年3月1日至2027年8月27日）等。因德化县涌口水电站建设用地需要，德化县人民政府于2005年11月16日发布2005年第2号征用土地方案公告，决定对被告第三生产组的部分耕地依法征收，被征收地以每亩18 000元（包括安置补助费及土地补偿款）的标准给予补偿，没有对失地的农户进行统一安置。被告湖坂村第三生产组领取相应补偿款后按规定上交村提留10%，余款在组员之间进行分配。被告第三生产组于2006年10月11日、11月5日召开组员户代表会议，议定的分配方案为：安置补助费及土地补偿款按现有生产组农业户口284人进行平均分配，每口分得9 400元；原告一户按陈某、黄某松二人参与分配；如对分配方案有异议的，自分配方案上墙公告15日内提出，否则以公告核定的人数分配。原告对分配方案提出异议，与被告协商未果后即向法院提起诉讼。在审理过程中，原告陈某、黄某松领取了土地补偿款合计18 800元。

【重要法条链接】

1.《物权法》

第一百二十四条　农村集体经济组织实行家庭承包经营为基础、统分结合的双层经营体制。农民集体所有和国家所有由农民集体使用的耕地、林地、草地以及其他用于农业的土地，依法实行土地承包经营制度。

第一百二十五条 土地承包经营权人依法对其承包经营的耕地、林地、草地等享有占有、使用和收益的权利，有权从事种植业、林业、畜牧业等农业生产。

第一百二十六条 耕地的承包期为三十年。草地的承包期为三十年至五十年。林地的承包期为三十年至七十年；特殊林木的林地承包期，经国务院林业行政主管部门批准可以延长。

前款规定的承包期届满，由土地承包经营权人按照国家有关规定继续承包。

2.《农村土地承包法》

第三条 国家实行农村土地承包经营制度。农村土地承包采取农村集体经济组织内部的家庭承包方式，不宜采取家庭承包方式的荒山、荒沟、荒丘、荒滩等农村土地，可以采取招标、拍卖、公开协商等方式承包。

第十二条 农民集体所有的土地依法属于村农民集体所有的，由村集体经济组织或者村民委员会发包；已经分别属于村内两个以上农村集体经济组织的农民集体所有的，由村内各该农村集体经济组织或者村民小组发包。村集体经济组织或者村民委员会发包的，不得改变村内各集体经济组织农民集体所有的土地的所有权。

国家所有依法由农民集体使用的农村土地，由使用该土地的农村集体经济组织、村民委员会或者村民小组发包。

第十三条 发包方享有下列权利：

（一）发包本集体所有的或者国家所有依法由本集体使用的农村土地；

（二）监督承包方依照承包合同约定的用途合理利用和保护土地；

（三）制止承包方损害承包地和农业资源的行为；

（四）法律、行政法规规定的其他权利。

第十四条 发包方承担下列义务：

（一）维护承包方的土地承包经营权，不得非法变更、解除承包合同；

（二）尊重承包方的生产经营自主权，不得干涉承包方依法进行正常的生产经营活动；

（三）依照承包合同约定为承包方提供生产、技术、信息等服务；

（四）执行县、乡（镇）土地利用总体规划，组织本集体经济组织内的农业基础设施建设；

（五）法律、行政法规规定的其他义务。

第十五条 家庭承包的承包方是本集体经济组织的农户。

第十六条 承包方享有下列权利：

（一）依法享有承包地使用、收益和土地承包经营权流转的权利，有权自主组织生产经营和处置产品；

（二）承包地被依法征用、占用的，有权依法获得相应的补偿；

（三）法律、行政法规规定的其他权利。

第十七条 承包方承担下列义务：

（一）维持土地的农业用途，不得用于非农建设；

（二）依法保护和合理利用土地，不得给土地造成永久性损害；

（三）法律、行政法规规定的其他义务。

第二十二条　承包合同自成立之日起生效。承包方自承包合同生效时取得土地承包经营权。

第二十三条　县级以上地方人民政府应当向承包方颁发土地承包经营权证或者林权证等证书，并登记造册，确认土地承包经营权。

第二十六条　承包期内，发包方不得收回承包地。

承包期内，承包方全家迁入小城镇落户的，应当按照承包方的意愿，保留其土地承包经营权或者允许其依法进行土地承包经营权流转。

承包期内，承包方全家迁入设区的市，转为非农业户口的，应当将承包的耕地和草地交回发包方。承包方不交回的，发包方可以收回承包的耕地和草地。

承包期内，承包方交回承包地或者发包方依法收回承包地时，承包方对其在承包地上投入而提高土地生产能力的，有权获得相应的补偿。

第二十七条　承包期内，发包方不得调整承包地。

承包期内，因自然灾害严重毁损承包地等特殊情形对个别农户之间承包的耕地和草地需要适当调整的，必须经本集体经济组织成员的村民会议三分之二以上成员或者三分之二以上村民代表的同意，并报乡（镇）人民政府和县级人民政府农业等行政主管部门批准。承包合同中约定不得调整的，按照其约定。

第三十二条　通过家庭承包取得的土地承包经营权可以依法采取转包、出租、互换、转让或者其他方式流转。

第三十三条　土地承包经营权流转应当遵循以下原则：

（一）平等协商、自愿、有偿，任何组织和个人不得强迫或者阻碍承包方进行土地承包经营权流转；

（二）不得改变土地所有权的性质和土地的农业用途；

（三）流转的期限不得超过承包期的剩余期限；

（四）受让方须有农业经营能力；

（五）在同等条件下，本集体经济组织成员享有优先权。

第三十七条　土地承包经营权采取转包、出租、互换、转让或者其他方式流转，当事人双方应当签订书面合同。采取转让方式流转的，应当经发包方同意；采取转包、出租、互换或者其他方式流转的，应当报发包方备案。

◎思考题：

1. 农村土地承包经营权法律关系主体、客体和内容各是什么？
2. 对于家庭承包的集体经济组织成员主体资格应如何认定？
3. 土地承包经营权的转包与转让之间有什么区别？

第九章　土地纠纷的行政复议与诉讼问题

【本章导读】

本章以《行政复议法》和《行政诉讼法》的规定为主线，将上述两部法律处理具体行政行为纠纷的原则性规定与土地行政管理纠纷的特性结合起来，再配合国土资源部的《国土资源行政复议规定》，简要介绍了土地纠纷的争端解决机制。

第一节　土地行政复议

一、土地行政复议的概念和特征

（一）土地行政复议的概念

土地行政复议是指土地管理相对人（公民、法人或其他组织）认为土地行政主管部门作出的有关土地管理的具体行政行为侵犯其合法权益，依照法定程序和条件向上级土地行政主管部门提出重新处理的申请，复议机关依法对该项具体行政行为进行重新审查，并作出裁决的行政司法活动。

土地行政复议一般由公民、法人或者其他组织在规定的时间内，向上一级土地行政机关提出申诉。依据《土地管理法》的规定，享有土地行政行为的机关是县级以上（包括县级）的土地管理部门。

（二）土地行政复议的特征

（1）土地行政复议的主管机关通常是作出土地行政决定的上一级土地管理部门。其优点是权责明确，易于落实，便于形成制度化、法律化。

（2）土地行政复议是以一定的行政争议为其处理内容和适用范围的。土地行政复议只处理发生于土地行政主体与其管理相对人之间因土地行政行为而发生的纠纷。

（3）土地行政复议是以土地行政相对人提起复议申请而引起的。它是一种依法申请的行政行为。因此，行政复议对于行政相对人来说是一种权利。而对于应受理的复议机关来说是一种职责和义务。

（4）土地行政复议申请必须在法律、法规规定的期限内提出。

（5）土地行政复议对土地行政行为的合法性与合理性均进行审查。

（6）土地行政复议必须对下级土地管理部门作出的具体行政行为作出明确的裁定，正确的予以维持，错误的予以撤销，失当的予以更改。行政职权的性质决定了土地行政主体不能自由抛弃和处置其所行使的职权，因而行政行为复议不适用调解方式。此外，如果土地行政复议机关在法定期限内未作出答复，申请人有权在法定期限内向人民法院提起行政诉讼，提起行政诉讼应以作出原行政行为的土地管理部门为被告。

二、土地行政复议制度范围和管辖

(一) 土地行政复议的范围

根据有关土地法律、法规的规定，公民、法人或其他组织对土地管理机关作出的行政行为包括行政处罚、行政确权、土地审批处理、行政补偿或赔偿以及其他行政处理不服的可以申请土地行政复议。具体包括：(1) 因土地行政处罚产生的争议；(2) 因土地行政确权产生的争议；(3) 因国土地赔偿而产生的争议；(4) 因土地审批而产生的争议；(5) 因其他土地管理具体行为所引起的争议；(6) 公民、法人或者其他组织在申请行政复议时，对作出具体行政行为所依据的行政规范性文件，可以提出审查申请。

(三) 土地行政复议的管辖

土地行政复议的管辖，是指不同层次、不同职能的行政机关之间，在受理土地行政复议案件中的分工和权限。受处罚的单位和个人对土地行政处罚不服的，应当向有复议管辖权的行政机关申请复议。对于土地行政复议，应当由作出处罚具体行政行为的上一级土地主管部门管辖，而非由作出处罚具体行政行为的部门所隶属的人民政府来管辖。在我国，具体负责土地行政复议的是土地行政复议机关和复议机构。土地行政复议机关是指依法享有土地行政复议职权的行政机关，它必须具备两个条件：(1) 必须是土地管理行政机关，即具有土地行政管理权；(2) 必须是拥有土地行政复议权的机关。土地行政复议机构是指土地行政复议机关内部设立的专门解决土地行政争议的办事机构。

三、土地行政复议的程序

(一) 土地行政复议的申请

土地行政复议应当在法定时间提出申请。申请复议者应提交复议申请书。对当事人提出的复议申请，复议机关必须经过审查，符合法定条件的复议申请，复议机关必须立案受理；对于不符合申请条件的，不予受理；对复议申请书记载内容有问题的，限复议申请人在一定期间内补正。

(二) 土地行政复议的受理

土地行政复议机关应当自收到复议申请书之日起 10 日内对复议申请进行审查，并作出是否受理的决定，对不受理的应当向申请人作出说明。审查的内容包括：(1) 是否符合法定申请复议的条件；(2) 是否符合法定申请复议的期限；(3) 是否向法院起诉，人民法院是否已经受理；如法院已经受理，复议机关不得再予受理；(4) 是否属于重复申请复议；(5) 复议申请书的内容是否符合法定要求。

(三) 土地行政复议的审理

主要包括：(1) 审理方式。行政复议实行书面复议制度，但复议机关认为有必要时，可以采用其他方式复议案件。(2) 审理依据。(3) 审理内容。它包括作出具体行政行为的主体是否合法；具体行政行为是否有事实根据；具体行政行为的内容是否符合有关土地管理法律法规的规定；具体行政行为是否符合法定程序和形式的要求；土地行政行为是否符合基本公正的原则。

（四）土地行政复议的决定

土地行政机关经过审理，可作出如下复议决定：

（1）具体土地行政行为适用法律、法规、规章和具有普遍约束力的决定、命令正确，事实清楚，符合法定权限和程序的，决定维持；

（2）具体土地行政行为有程序上的不足，决定被申请人补正；

（3）具体土地行为有下列情形之一，即决定撤销、变更，并可以责令被申请人重新作出具体行政行为：第一，主要事实不清的；第二，适用法律、法规、规章和具有普遍约束力的决定、命令错误的；第三，违反法定程序影响申请人合法权益的；第四，超越或者滥用职权的；第五，具体行政行为明显不当的；

（4）被申请人作出的具体行政行为侵犯申请人的合法权益造成损害，申请人请求赔偿的，复议机关可以责令被申请人按照有关法律、法规的规定负责赔偿；

（5）复议决定的期限和执行土地行政复议应当在受到复议申请之日起两个月内作出复议决定。申请人对复议决定不服的，可以在收到复议决定书之日起 15 日内向人民法院起诉。复议机关作出行政复议决定，应当采用书面形式，复议机关作出复议决定书以后，即将复议决定送达当事人。复议决定书一经送达，即发生法律效力。对申请人逾期不起诉又不履行复议决定的，如果复议维持原具体行政行为，则由作出具体行政行为的土地行政机关申请人民法院强制执行，如果复议机关改变了原来具体行政行为的，由复议机关申请人民法院强制执行。

第二节 土地行政诉讼

一、土地行政诉讼的概念与特点

（一）土地行政诉讼的概念

土地行政诉讼是指公民、法人或者其他行政组织认为土地行政主管部门作出的具体行政行为侵犯了其合法权益，依法向人民法院提起诉讼，并由法院审理后，依法作出裁决的活动。土地行政诉讼解决的是一定范围内的土地行政争议，其被告只能是土地行政管理机关。

（二）土地行政诉讼的特点

（1）原告是作为土地管理相对方的公民、法人或者组织。这里的原告必须与作出土地具体行政行为有直接的利害关系。

（2）被告是享有土地行政行为的土地管理部门或者土地行政复议机关。

（3）原告提起诉讼是因其认为土地管理部门的具体行政行为侵犯其合法权益。同时，提起土地行政诉讼必须符合人民法院受理行政案件的范围。

（4）土地行政诉讼的客体是土地管理部门作出的具体行政行为。人民法院审理行政案件，也是紧紧围绕具体行政行为是否合法进行审查。

（5）土地行政诉讼是在人民法院的主持下，依照司法程序解决土地行政争议的活动。

二、土地行政诉讼的基本原则

土地行政诉讼的原则是指由宪法、法律规定的，贯穿于整个行政诉讼全过程的，对行政诉讼具有普遍指导意义的基本准则。土地行政诉讼的原则包括一般原则和特殊原则。土地行政诉讼的一般原则包括：人民法院独立行使审判权原则；对诉讼当事人适用法律一律平等原则；公开审判原则；以事实为根据，以法律为准绳原则；回避原则；诉讼当事人平等行使诉讼权利原则；两审终审原则；当事人地位平等原则；使用本民族语言文字进行诉讼原则；当事人有权进行辩论原则；检察机关进行监督原则。

土地行政诉讼的特殊原则包括：

（1）被告负举证责任的原则。

（2）诉讼期间不停止具体行政处罚行为执行的原则。这是国家行政管理的连续性和不间断性的必然要求，也是由行政行为的效力先定原则决定的。

（3）不适用调解和不适用反诉原则。这是因为土地行政处罚是行政机关依职权作出的行为，这种行为只能依法作出裁决，不得自由处分。

三、土地行政诉讼的范围

土地行政诉讼的范围是指哪些土地行政争议属于行政诉讼的受案范围。根据《中华人民共和国行政诉讼法》，由土地行政管理行为引发的诉讼案件，主要有以下几项：

（1）不服土地行政处罚的具体行政行为；

（2）不服土地管理机关限制人身自由或对财产的查封、扣押、冻结等行政强制措施的具体行政行为；

（3）不服土地管理机关拒绝颁发许可证或不予答复的具体行政行为；

（4）不服土地管理机关侵犯法律规定的经营自主权的具体行政行为；

（5）不服土地管理机关对土地征收、征用决定及其补偿决定；

（6）认为行政机关侵犯农村土地承包经营权、农村土地经营权的；

（7）认为行政机关不依法履行、未按照约定履行或者违法变更、解除土地房屋征收补偿协议。

四、土地行政诉讼的管辖

土地行政诉讼的管辖，是指人民法院之间受理第一审土地行政案件的分工和权限，它可以分为级别管辖、地域管辖和指定管辖，具体有以下几种情况：

（一）级别管辖

（1）一般的土地行政诉讼案件由作出土地行政行为的行政机关所在地人民法院管辖。

（2）中级人民法院管辖的第一审土地行政诉讼案件主要有两类：一是国家土地管理部门作出的或者县级以上地方人民政府所作的土地行政行为提起诉讼的案件；二是本辖区内重大、复杂的案件。

（3）高级人民法院管辖本辖区内重大复杂的第一审行政诉讼案件。

（4）最高级人民法院管辖全国范围内重大复杂的第一审行政诉讼案件。

(二) 地域管辖

因土地属于不动产，因不动产提起的行政诉讼，由不动产所在地人民法院管辖。

(三) 指定管辖

(1) 人民法院发现受理的案件不属于本院管辖的，应当移送有管辖权的人民法院，受移送的人民法院应当受理。受移送的人民法院认为受移送的案件按照规定不属于本院管辖的，应当报请上级人民法院指定管辖，不得再自行移送。

(2) 人民法院对管辖权发生争议，由争议双方协商解决。协商不成的，报它们的共同上级人民法院指定管辖。

(3) 上级人民法院有权审理下级人民法院管辖的第一审行政案件。下级人民法院对其管辖的第一审行政案件，认为需要由上级人民法院审理或者指定管辖的，可以报请上级人民法院决定。

五、土地行政诉讼程序

(一) 起诉

1. 提起土地诉讼的条件

原告是认为土地行政机关的土地行政行为侵犯其合法权益的公民、法人或者其他组织；有明确的被告；有具体的诉讼请求和事实根据；属于人民法院受案范围；原告起诉的土地行政案件按法律、法规的规定属于受诉人民法院管辖的第一审案件；在法定期限内按照法定程序提起诉讼。

2. 土地行政案件的起诉期

(1) 当事人对涉及土地的具体行政行为不服申请行政复议的。当事人对复议决定仍然不服，可以在收到复议决定书之日起 15 日内向人民法院提起诉讼。复议机关逾期不作决定的，申请人可以在复议期满之日起 15 日内向人民法院提起诉讼。法律另有规定的除外。(2) 当事人未申请行政复议而是直接向人民法院提起诉讼的。当事人应当自知道或者应当知道作出行政行为之日起 6 个月内提出，但法律另有规定的除外。(3) 不知道具体行政行为的最长保护期。当事人因客观原因对具体行政行为的作出不知情的，涉及不动产提起诉讼的案件自行政行为作出之日起超过 20 年，其他案件自行政行为作出之日起超过 5 年提起诉讼的，人民法院不予受理。

3. 受理

人民法院在接到起诉状时对符合本法规定的起诉条件的，应当登记立案。

对当场不能判定是否符合本法规定的起诉条件的，应当接收起诉状，出具注明收到日期的书面凭证，并在 7 日内决定是否立案。不符合起诉条件的，作出不予立案的裁定。裁定书应当载明不予立案的理由。原告对裁定不服的，可以提起上诉。

4. 审理

(1) 审理准备。人民法院在立案之日起 5 日内，应当将起诉副本发送被告。被告应当在接到起诉副本之日起 15 日内向人民法院提交作出具体行为的证据和所依据的规范性文件并提交答辩状。人民法院应当在收到答辩状之日起 5 日内，将答辩状副本发送原告。被告土地管理部门不提出答辩的，不影响人民法院受理。

（2）审理的方式。人民法院公开审理土地行政案件，但涉及国家秘密、个人隐私和法律另有规定的除外。涉及商业秘密的案件，当事人申请不公开审理的，可以不公开审理。

（3）审理依据。审理土地行政诉讼案件的依据是：法律；行政法规；地方性法规；民族自治地方的自治条例、单行条例。此外，人民法院在审理土地行政诉讼案件时，可以参照规章。

5. 审查

人民法院审理土地诉讼案件时，依法对土地管理部门作出的具体行政行为是否合法进行审查。具体包括：对土地行政行为主体资格的审查；对土地行政行为依据的事实的审查；对适用法律、法规的审查；对土地行政行为的程序进行审查。

6. 判决

人民法院经过审理，根据不同情况，分别作出以下判决：

（1）行政行为证据确凿，适用法律、法规正确，符合法定程序的，或者原告申请被告履行法定职责或者给付义务理由不成立的，人民法院判决驳回原告的诉讼请求。

（2）行政行为有下列情形之一的，人民法院判决撤销或者部分撤销，并可以判决被告重新作出行政行为：第一是主要证据不足的；第二是适用法律、法规错误的；第三是违反法定程序的；第四是超越职权的；第五是滥用职权的；第六是明显不当的。

（3）行政处罚明显不当，或者其他行政行为涉及对款额的确定、认定确有错误的，人民法院可以判决变更。

人民法院审理行政案件，实行两审终审制，如果当事人任何一方对一审判决不服的，都可以在判决书送达之日起 15 日内向上一级人民法院提起上诉，当事人不服一审裁定的，应在 10 日内上诉。逾期不提起上诉的，一审判决或裁定便发生法律效力。二审人民法院对上诉案件认为事实清楚，可以实行书面审理。除有特殊情况经批准延长审期外，二审法院应当在 2 个月内作出裁决。二审法院对上诉案件进行审理后，将分别情况作出如下裁决：①原判决、裁定认定事实清楚，适用法律、法规正确的，判决或者裁定驳回上诉，维持原判决、裁定；②原判决、裁定认定事实错误或者适用法律、法规错误的，依法改判、撤销或者变更；③原判决认定基本事实不清、证据不足的，发回原审人民法院重审，或者查清事实后改判；④原判决遗漏当事人或者违法缺席判决等严重违反法定程序的，裁定撤销原判决，发回原审人民法院重审。

7. 执行

土地行政案件的判决、裁定一旦生效后，当事人必须自觉履行。如果公民、法人或者其他组织拒绝履行判决、裁定的，土地行政主管机关可以向人民法院申请强制执行，或者依法由具备强制执行权的土地行政主管机关执行。

第三节　土地争议处理中的若干常用规范性文件

一、国土资源部《土地权属争议调查处理办法》

《土地权属争议调查处理办法》于 2003 年 1 月 3 日中华人民共和国国土资源部令第

17 号公布，自 2003 年 3 月 1 日起施行。

土地是民生之本，是立国安邦的基础。土地权利是土地法律制度的核心内容，确定土地权利归属，及时调处土地权属争议，是法律赋予国土资源行政主管部门的职责。土地权利的确定与争议调处，涉及土地权利人财产权利的保护和社会稳定，并直接关系土地市场的健康发展和土地的可持续利用。

《土地管理法》第 16 条规定："土地所有权和使用权争议，由当事人协商解决；协商不成的，由人民政府处理。"处理土地权属争议是一项复杂的、政策性很强的工作，人民政府处理土地权属争议，必须严格依照法定程序进行处理，做到有章可循，有法可依，才不至于在工作中出现偏差和失误。1987 年 1 月 1 日《土地管理法》颁布实施后，各级人民政府对出现的大量土地权属争议进行了处理，但一直缺少一个统一规范的办案程序。为了依法、公正、及时地做好土地权属争议的调查处理工作，提高办案效率，保护当事人的合法权益，不但要依据法律、行政法规和规章等实体性规范，还要有一个程序性规范。1995 年，原国家土地管理局根据《土地管理法》，制定了《土地权属争议处理暂行办法》，规定了处理土地权属争议案件的原则和程序。2003 年，适应我国经济社会发展的需要，国土资源部在对 1995 年的《土地权属争议处理暂行办法》进行修订的基础上，颁布了新的《土地权属争议调查处理办法》。

《土地权属争议调查处理办法》规定了人民政府国土资源行政主管部门处理土地权属案件的具体程序和争议双方在处理过程中的权利义务，便于人民政府依法、正确、及时地处理土地权属争议；便于争议双方行使申诉中的权利，保证《土地管理法》和与土地权属有关的法律、行政法规和规章的正确实施。它对于人民政府及时、正确处理土地权属争议，保证土地确权工作的正常进行，维护土地权属争议当事人的合法权益，维护社会稳定和促进土地合理利用具有极其重要的意义。

二、国土资源部《国土资源行政复议规定》

《国土资源行政复议规定》于 2001 年 7 月 27 日中华人民共和国国土资源部令第 8 号公布，2009 年 11 月 5 日国土资源部第 12 次部务会议修订，修订后的《国土资源行政复议规定》自 2010 年 1 月 1 日起施行。

2001 年，为深入开展国土资源行政复议工作，国土资源部发布施行了《国土资源行政复议规定》，其在加强对国土资源行政复议工作的指导，防止和纠正各级国土资源行政主管部门违法或者不当的具体行政行为，促进依法行政，切实保护申请人的合法权益方面发挥了重要作用。

2006 年中共中央办公厅和国务院办公厅联合下发的 27 号文，对加强和改进行政复议工作提出了新的明确要求。2007 年施行的《行政复议法实施条例》按照其要求，增加了许多新内容。诸如，更加注重保护人民群众的行政复议申请权；明确规定了行政复议中止和终止的适用情形，增加了听证程序，完善了行政复议审理程序；增加了和解调解制度；专设一章强化指导和监督。这些内容都要求必须通过修订《国土资源行政复议规定》加以体现和细化。由此，2009 年 11 月 5 日国土资源部第 12 次部务会议通过了对《国土资源行政复议规定》的修订。

《国土资源行政复议规定》是根据《行政复议法》和《行政复议法实施条例》制定的，全文共六章，包括总则、受理、审理、决定、执行和监督检查及附则。《国土资源行政复议规定》指出，国土资源行政复议机关是指根据《行政复议法》和《行政复议法实施条例》规定履行行政复议职责的国土资源行政主管部门。国土资源行政复议机构是指国土资源行政主管部门中负责法制工作的机构或者专门承办行政复议事项的机构。行政复议机构办理行政复议事项，组织办理行政应诉事项，具体指导和监督下级国土资源行政主管部门的行政复议和行政应诉工作。行政复议机关的其他机构根据本规定负责相关工作。

《国土资源行政复议规定》提出，行政复议机关可以根据工作需要设立行政复议委员会，其主要职责包括：审定行政复议的工作规则、制度和程序；研究处理抽象行政行为，提出处理意见；审定重大、复杂的行政复议案件，研究因行政复议决定引起的重大、复杂的行政诉讼案件，提出处理意见等。行政复议机构是行政复议委员会的日常办事机构。

《国土资源行政复议规定》要求，行政复议机关其他机构收到行政复议申请的，应当自收到申请之日起2个工作日内转到本机关行政复议机构。申请材料不齐全或表述不清楚的，行政复议机构要在收到申请之日5个工作日内书面通知申请人补正材料。行政复议机构应在受理行政复议申请之日起7个工作日内，将提出答复通知书以及申请书副本发送被申请人。被申请人应当自收到申请书副本之日起10日内提交答复书、作出具体行政行为的证据、依据等。

《国土资源行政复议规定》提出，重大、复杂的行政复议案件，可以采取听证的方式审理，并遵循公开、公平、公正和便民的原则。决定举行听证的，要在举行听证7个工作日前将听证事项书面通知当事人，被申请人必须参加。

《国土资源行政复议规定》还要求，国土资源部对全国国土资源行政复议和行政应诉工作进行指导和监督。上级国土资源行政主管部门对下级部门的行政复议和行政应诉工作进行指导和监督，并将行政复议工作、行政复议决定的执行情况纳入依法行政考核范围。

三、国土资源部《国土资源信访规定》

《国土资源信访规定》于2002年5月9日中华人民共和国国土资源部令第12号公布，2006年1月4日中华人民共和国国土资源部令第32号修订公布，自2006年3月1日起施行。

国土资源部发布《国土资源信访规定》(以下简称《信访规定》)明确规定，县级以上国土资源管理部门应当通过互联网或者发布公告等方式，将信访工作机构的投诉电话以及查询信访事项处理进展及结果的方式向社会公开。

《信访规定》明确指出，信访人可以持有关的国土资源管理部门出具的投诉请求受理凭证，到当地国土资源管理部门的信访接待场所查询其所提出的投诉请求的办理情况。信访规定同时要求，市、县国土资源管理部门应当建立行政机关负责人信访接待日制度，由市、县国土资源管理部门负责人协调处理信访事项。信访人可以在市、县国土资源管理部门公布的信访接待日和接待地点，当面向市、县国土资源管理部门负责人反映信访事项；县级以上国土资源管理部门的负责人或者工作人员，可以就信访人反映的突出问题到信访人居住地与信访人面谈沟通。

根据《信访规定》的规定，县级以上国土资源管理部门收到信访人提出的信访事项，或者人民政府、人民政府的信访工作机构转送、交办的信访事项，遇有依法不属于国土资源管理部门职权范围内的信访事项，应当告知信访人向有权处理的部门或者人民政府提出，并通过《国土资源信访事项告知书》，在15日内书面告知信访人。

《信访规定》列明，重大、复杂、疑难的信访事项，国土资源管理部门需要举行听证的，依照《国土资源听证规定》中依职权听证的程序进行；国土资源管理部门对依法受理的信访事项，应当依照有关法律、法规、规章及其他有关规定，分别作出相应处理，并制作《国土资源信访事项处理意见书》，书面答复信访人。

《信访规定》同时强调，对重大、紧急信访事项和信访信息隐瞒、谎报、缓报，或者授意他人隐瞒、谎报、缓报的；造成严重后果的，对直接负责的主管人员和其他直接责任人员依法给予行政处分；构成犯罪的，依法追究刑事责任。

【典型案例】①

上诉人（原审被告）：山东省烟台市国土资源局（以下简称“国土局”）。

被上诉人（原审原告）：烟台市长城科工贸（集团）公司（以下简称“长城公司”）。

被上诉人（原审原告）：烟台龙晴建设开发公司（以下简称“龙晴公司”）。

1992年9月23日，长城公司与烟台国土局签订《国有土地使用权有偿出让合同书》(以下简称《出让合同》)，合同约定：甲方（国土局）向乙方（长城公司）提供的土地条件为“五通一平”，土地达到“五通一平”时，乙方向甲方缴纳全部土地出让金，甲方收到乙方支付的全部出让金后10日内，依照规定办理土地登记手续，核发国有土地使用权证，乙方在取得该地块国有土地使用权证之日起27日月完全部规划建设工程等内容。1993年10月17日，烟台市建委召集包括国土局在内的有关单位参加会议，形成了《关于龙晴大厦建设问题的会议纪要》，决定成立龙晴公司，隶属于长城公司，主要从事大厦的建设、开发和销售工作，1994年3月17日，国土局向长城公司核发了烟国用〔94〕字第61号国有土地使用权证。之后，烟台龙晴大厦筹建处曾先后三次向烟台市建委行文，要求尽快办理地块交接工作，并于1995年初在部分移交的土地上动工建设龙晴大厦一期工程，即附楼。1997年12月30日，建设工程地块内的开关厂车间拆除，实现了《出让合同》中规定的“五通一平”。1998年4月1日，山东省烟台市房地产开发领导小组办公室（以下简称“烟台市开发办”）、山东省烟台市城市建设拆迁安置办公室（以下简称“烟台市开发办”）、山东省烟台市城市建设拆迁安置办公室（烟台市拆迁办）与龙晴公司签订《土地拆迁交接协议书》，受让土地至此全部交付完毕。在此之前，主楼工程没有动工。

1999年6月30日，国土局作出烟土监字〔1999〕第1号《土地违法案件行政处罚决定书》，以长城公司未在合同约定的期限内完成工程建设为由，决定无偿收回该公司受让的822 107平方米的国有土地使用权。长城公司、龙晴公司对处罚决定不服，

① 案例选取自刘子平、梁朔梅编著：《国有土地纠纷新型典型案例与专题指导》，中国法制出版社2009年版，第174页。

于1999年7月12日向山东省高级人民法院提起行政诉讼。

另查明，长城公司于1998年12月28日被山东省烟台市开发区工商行政管理局吊销营业执照，但长城公司没有申请过注销登记，烟台市开发区工商行政管理局也未对该企业注销登记。

【重要法条链接】

1.《中华人民共和国行政诉讼法》

第十二条　人民法院受理公民、法人或者其他组织提起的下列诉讼：

（一）对行政拘留、暂扣或者吊销许可证和执照、责令停产停业、没收违法所得、没收非法财物、罚款、警告等行政处罚不服的；

（二）对限制人身自由或者对财产的查封、扣押、冻结等行政强制措施和行政强制执行不服的；

（三）申请行政许可，行政机关拒绝或者在法定期限内不予答复，或者对行政机关作出的有关行政许可的其他决定不服的；

（四）对行政机关作出的关于确认土地、矿藏、水流、森林、山岭、草原、荒地、滩涂、海域等自然资源的所有权或者使用权的决定不服的；

（五）对征收、征用决定及其补偿决定不服的；

（六）申请行政机关履行保护人身权、财产权等合法权益的法定职责，行政机关拒绝履行或者不予答复的；

（七）认为行政机关侵犯其经营自主权或者农村土地承包经营权、农村土地经营权的；

（八）认为行政机关滥用行政权力排除或者限制竞争的；

（九）认为行政机关违法集资、摊派费用或者违法要求履行其他义务的；

（十）认为行政机关没有依法支付抚恤金、最低生活保障待遇或者社会保险待遇的；

（十一）认为行政机关不依法履行、未按照约定履行或者违法变更、解除政府特许经营协议、土地房屋征收补偿协议等协议的；

（十二）认为行政机关侵犯其他人身权、财产权等合法权益的。

第十六条　高级人民法院管辖本辖区内重大、复杂的第一审行政案件。

第十七条　最高人民法院管辖全国范围内重大、复杂的第一审行政案件。

第十八条　行政案件由最初作出行政行为的行政机关所在地人民法院管辖。经复议的案件，也可以由复议机关所在地人民法院管辖。

经最高人民法院批准，高级人民法院可以根据审判工作的实际情况，确定若干人民法院跨行政区域管辖行政案件。

第二十六条　公民、法人或者其他组织直接向人民法院提起诉讼的，作出行政行为的行政机关是被告。

经复议的案件，复议机关决定维持原行政行为的，作出原行政行为的行政机关和复议机关是共同被告；复议机关改变原行政行为的，复议机关是被告。

复议机关在法定期限内未作出复议决定，公民、法人或者其他组织起诉原行政行为的，作出原行政行为的行政机关是被告；起诉复议机关不作为的，复议机关是被告。

两个以上行政机关作出同一行政行为的，共同作出行政行为的行政机关是共同被告。

行政机关委托的组织所作的行政行为，委托的行政机关是被告。

行政机关被撤销或者职权变更的，继续行使其职权的行政机关是被告。

第四十四条　对属于人民法院受案范围的行政案件，公民、法人或者其他组织可以先向行政机关申请复议，对复议决定不服的，再向人民法院提起诉讼；也可以直接向人民法院提起诉讼。法律、法规规定应当先向行政机关申请复议，对复议决定不服再向人民法院提起诉讼的，依照法律、法规的规定。

2.《国土资源行政复议规定》(中华人民共和国国土资源部令第46号)

第二条　本规定所称国土资源行政复议机关（以下简称行政复议机关），是指根据行政复议法和行政复议法实施条例的规定履行行政复议职责的国土资源行政主管部门。国土资源行政复议机构（以下简称行政复议机构），是指国土资源行政主管部门中负责法制工作的机构或者专门承办行政复议事项的机构。

第八条　行政复议机构统一受理行政复议申请。

行政复议机关的其他机构收到行政复议申请的，应当自收到行政复议申请之日起2个工作日内转送本行政复议机关的行政复议机构。

行政复议机构应当对收到的行政复议申请进行专门登记。

第十三条　行政复议机构应当自受理行政复议申请之日起7个工作日内，将提出答复通知书与申请书副本或者申请笔录复印件一并发送被申请人。

第十四条　国土资源部为被申请人的，由具体行政行为的原承办机构提出书面答复，送本机构分管部领导审签，加盖国土资源部印章。具体行政行为由几个机构共同承办的，由主办机构负责提出书面答复，其他机构协助办理。

地方国土资源行政主管部门为被申请人的，由具体行政行为的原承办机构提出书面答复，经本机关行政复议机构审核后，报本机关负责人签发。

第十五条　被申请人应当自收到申请书副本或者申请笔录复印件之日起10日内，提交行政复议答复书，并提交当初作出具体行政行为的证据、依据和其他有关材料。

被申请人不按照前款规定提出书面答复、提交当初作出具体行政行为的证据、依据和其他有关材料的，视为该具体行政行为没有证据、依据。

◎思考题：

1. 土地征收行政诉讼的管辖制度是怎样的？
2. 国土资源部《国土资源行政复议规定》与行政诉讼程序是如何衔接的？
3. 国土资源部《国土资源信访规定》对信访程序是如何规定的？

主要土地政策与法律、法规、规章名称目录

一、与土地有关的一般政策与法律类

1. 《中华人民共和国物权法》
2. 《中华人民共和国土地管理法》
3. 《中华人民共和国城市房地产管理法》
4. 《中华人民共和国土地管理法实施条例》
5. 《国务院关于加强土地调控有关问题的通知》
6. 《国土资源部关于当前进一步从严土地管理的紧急通知》
7. 《国土资源部关于清理各类园区用地加强土地供应调控的紧急通知》
8. 《国土资源部关于贯彻执行〈中华人民共和国土地管理法〉和〈中华人民共和国土地管理法实施条例〉若干问题的意见》
9. 《实际耕地与新增建设用地面积确定办法》

二、土地登记与确权类

1. 《土地登记办法》
2. 《土地登记规则》
3. 《国土资源部关于进一步规范土地登记工作的通知》
4. 《关于印发〈全国土地登记规范化检查方案〉的通知》
5. 《确定土地所有权和使用权若干规定》
6. 《关于注销土地他项权利登记问题的复函》
7. 《关于对农民集体土地确权有关问题的复函》
8. 《国土资源部办公厅关于确定土地所有权和使用权有关问题的复函》
9. 《国家土地管理局关于城镇个人建造住宅用地审批问题的批复》(1997. 5. 13)
10. 《国土资源部对确定土地使用权有关问题的批复》(1999. 1. 19)
11. 《国土资源部关于土地确权有关问题的复函》(1999. 6. 4)

三、建设用地类

1. 《建设用地计划管理办法》
2. 《建设用地审查报批管理办法》
3. 《闲置土地处置办法》

4.《新增建设用地土地有偿使用费财物管理暂行办法》

5.《建设项目用地预审管理办法》

6.《国土资源部关于加强新增建设用地土地有偿使用费收缴管理工作的通知》

7.《财政部、国土资源部、中国人民银行关于进一步加强新增建设用地土地有偿使用费征收使用管理的通知》

8.《国土资源部关于报国务院批准的建设用地审查报批工作有关问题的通知》

9.《国土资源部关于加强城市建设用地审查报批工作有关问题的通知》

10.《国土资源部关于加强土地供应管理促进房地产市场持续健康发展的通知》

11.《国土资源部、国家发展和改革委员会关于发布实施〈限制用地项目目录（2006年本)〉和〈禁止用地项目目录（2006年本)〉的通知》

四、国有土地使用权的出让、转让、划拨、抵押、租赁类

1.《中华人民共和国城镇国有土地使用权出让和转让暂行条例》

2.《国家土地管理局关于对〈中华人民共和国城镇国有土地使用权出让和转让暂行条例〉有关问题的答复》(1990.12.20)

3.《国家土地管理局关于对贯彻〈中华人民共和国城镇国有土地使用权出让和转让暂行条例〉若干问题的答复》(1991.1.19)

4.《国务院关于出让国有土地使用权批准权限的通知》

5.《招标拍卖挂牌出让国有建设用地使用权规定》(2007.9.28 修订)

6.《最高人民法院关于审理涉及国有土地使用权合同纠纷案件适用法律问题的解释》

7.《划拨土地使用权管理暂行办法》

8.《划拨用地目录》

9.《中华人民共和国担保法》

10.《国家土地管理局关于土地使用权抵押登记有关问题的通知》

11.《关于划拨国有土地使用权抵押登记有关问题的通知》

五、农村用地类

1.《关于加强农村宅基地管理的意见》

2.《村庄和集镇规划建设管理条例》

3.《中华人民共和国农村土地承包法》

4.《中华人民共和国农村土地承包经营权纠纷调解仲裁法》

5.《最高人民法院关于审理涉及农村土地承包纠纷案件适用法律问题的解释》

六、耕地和基本农田保护类

1.《基本农田保护条例》

2.《土地复垦规定》

3.《用于农业土地开发的土地出让金使用管理办法》

4.《耕地占补平衡考核办法》

5.《国土资源部、农业部、国家发展和改革委员会、财政部、建设部、水利部、国家林业局关于进一步做好基本农田保护有关工作的意见》

6.《国土资源部、农业部关于基本农田保护中有关问题的整改意见》

7.《国务院关于进一步完善退耕还林政策措施的若干意见》

七、土地征收与安置补偿类

1.《征用土地公告办法》

2.《国土资源部关于完善农用地转用和土地征收中审查报批工作的意见》

3.《国土资源部关于完善征地补偿安置制度的指导意见》

4.《国土资源部关于切实维护被征地农民合法权益的通知》

八、土地争议处理类

1.《国土资源行政复议规定》

2.《国土资源信访规定》

3.《土地权属争议调查处理办法》